GONGDIAN FUWU
DIANXING ANLI HUIBIAN

供电服务典型案例汇编

(2019-2020版)

国网河南省电力公司　编

中国电力出版社
CHINA ELECTRIC POWER PRESS

内 容 提 要

本书精选了 2019 ～ 2020 年供电服务方面的典型案例，主要涉及业扩报装、电能计量、电价电费、用电检查、供电服务、生产建设等方面。书中对每个典型案例的事件经过、调查结果、违规条款、暴露问题、考核处理、规避投诉要点等进行了深入剖析。同时，每章还精选了优秀服务案例，非常具有学习和借鉴价值。

本书适合各相关供电服务岗位利用会议宣讲、集中培训、学习讨论等各种形式，加强对事件案例的学习，深刻汲取事件教训，举一反三进行整改，尽快补齐服务短板，推进供电服务水平全面提升。

图书在版编目（CIP）数据

供电服务典型案例汇编：2019-2020 版 / 国网河南省电力公司编 . —北京：中国电力出版社，2020.12

ISBN 978-7-5198-5099-9

Ⅰ. ①供… Ⅱ. ①国… Ⅲ. ①供电－工业企业－服务质量－案例－中国 Ⅳ. ①F426.61

中国版本图书馆 CIP 数据核字（2020）第 205590 号

出版发行：中国电力出版社
地　　址：北京市东城区北京站西街 19 号（邮政编码 100005）
网　　址：http://www.cepp.sgcc.com.cn
责任编辑：丁　钊
责任校对：黄　蓓　马　宁
装帧设计：王红柳
责任印制：杨晓东

印　　刷：三河市万龙印装有限公司
版　　次：2020 年 12 月第一版
印　　次：2020 年 12 月北京第一次印刷
开　　本：880 毫米 ×1230 毫米　大 32 开本
印　　张：8.25
字　　数：211 千字
定　　价：39.00 元

编写委员会

主　任　陈红军

副主任　赵仲民　李文启　宋　伟

委　员　武宏波　张　凯　张　鹰　张　凌
　　　　陈建国

编 写 人 员

主　编　武宏波　李翼铭

副主编　赵玉谦　王安军　刘　博　王宏民

参　编　彭　磊　陈振宇　陈延昌　陈豪然
　　　　周　鹏　金永丽　韩　丽　王育红
　　　　刘　帆　马跃华　刘旭中　王向敏
　　　　王　芳　王华楠　刘　鹏　赵　岚
　　　　苏二勇　黄　勇　张慧芳　范景明
　　　　李亦帆　张晓娜　王　赟　张书军
　　　　郝建国　岳寒冰　张　峰　马　莉
　　　　哈红莉　夏　兰　刘　霞　过小丽
　　　　陈昊舒　朱　敏　王一鸣　都静静
　　　　韩唐棣　赵高阳　吕　森　肖　峰

前 言

为适应供电服务新形势、新要求，教育、引导、促进员工进一步转变服务观念、增强服务意识、规范服务行为，打赢优化营商环境、提升供电服务水平攻坚战，特将两年来供电服务工作中发生的典型案例，经过筛选和提炼，汇编形成本书。

本书从 2019～2020 年客户反映较多的频繁停电、低电压、服务行为、抄表催费、装表接电等热点问题中筛选出 120 个案例，其中典型案例 104 个，优质服务案例 16 个。案例包括业扩报装、电能计量、电价电费、用电检查、供电服务、生产建设六类，涵盖事件经过、调查结果、违规条款、暴露问题、考核处理、规避投诉要点，便于不同专业服务人员学习参考。

本书案例来源于生产现场，有一定普遍适用性、典型性、借鉴性和推广价值。本书适合从事供电服务的电力员工阅读，希望读者能从这些案例解析中受到教育启示，吸取经验教训，提高服务意识，提升服务技能，持续改善服务质量，减少类似投诉事件再次发生，展现国家电网有限公司良好的服务形象。

本书由国网河南省电力公司组织编写，武宏波、李翼铭担任主编，赵玉谦、王安军担任副主编，基层供电单位和国网河南省电力公司技能培训中心专家参与案例的整理、编写工作。在本书的编写过程中，国网河南省电力公司营销部、国网河南营销服务中心（计量中心）、国网河南省电力公司技能培训中心领导高度重视并给予了大力支持。国网郑州供电公司、国网洛阳供电公司、国网南阳供电公司、国网安阳供电公司、国网鹤壁供电公司、国网焦作供电公司、国网平顶山供电公司、国网新乡供电公司、国网驻马店供电公司、国网濮阳供电公司等提供了大量素材、现场资料及宝贵建议，在此表示衷心的感谢。

由于编者水平有限，书中难免存在不足之处，恳请读者批评指正。

编　者

目 录

第六章　生产建设类案例

第一章
业扩报装类案例

第一节　典型案例

案例 1　新装用电乱收费，待岗处罚零容忍

事件经过

11 月 2 日，客户张女士反映供电公司管片电工在申请办理低压用电新装业务时收取客户 2000 元钱且在办电期间存在吃请的情况。

调查结果

经落实，客户反映情况属实。10 月 18 日，客户通过服务热线进行预约办理，办理电能表新装事宜。工作人员王某现场勘查，因客户资料不全无法提供产权证明，后期收取客户 2000 元为客户办理新装手续。在装表完成时临近中午，存在在客户饭店吃饭情况。已责令责任人退还所收的 2000 元现金，补交在客户饭店消费费用，并跟客户致歉。

违规条款

（1）违反《国家电网公司供电服务规范》第二章第四条第二款："真心实意为客户着想，尽量满足客户的合理要求。对客户的咨询、投诉等不推诿、不拒绝、不搪塞，及时、耐心、准确地给予解答。"

（2）违反《国家电网有限公司员工服务"十个不准"》（修订版）第二条："不准违反政府部门批准的收费项目和标准向客户收费。"

（3）违反《国家电网有限公司员工服务"十个不准"》（修订版）第十条："不准利用岗位与工作便利侵害客户利益，为个人及

亲友谋取不正当利益。”

（4）违反《国家电网有限公司员工服务“十个不准”》（修订版）第九条：“不准接受客户吃请和收受客户礼品、礼金、有价证券等。”

（5）违反《国网河南省电力公司业扩报装“十个不准”》第六条：“不准收取高可靠性供电费以外的任何费用。”

（6）违反《国网河南省电力公司“放管服”改革业扩报装十项禁令》第八条：“私设收费项目或履责不当造成客户办电成本增加。”

暴露问题

（1）该事件暴露出工作人员服务行为不规范，规章制度执行不严格，利用工作之便谋取不正当利益，严重影响公司形象。

（2）供电所在业扩报装管理方面存在漏洞，对员工廉洁风险教育不到位，对员工服务行为监督不力，未及时发现员工在日常工作中存在的违规情况。

考核处理

按照《国家电网公司供电服务奖惩规定》《国网河南省电力公司供电服务“零容忍”考核实施意见》，对相关责任人处理如下：

（1）对主要责任人经济处罚3000元，通报批评，待岗1年。

（2）对次要责任人经济处罚2000元，通报批评，待岗2个月，取消年度评先晋升资格。

（3）对责任班组负责人经济处罚2000元，通报批评，待岗1个月，取消班组年度评先资格。

（4）对责任部门分管负责人经济处罚1000元，通报批评。

（5）对责任部门负责人经济处罚1000元，通报批评。

（6）对责任单位分管负责人经济处罚1000元，通报批评。

规避投诉要点

开展基层人员职业道德培训，提升员工廉洁自律意识，降低违规收费、接受客户吃请等违规事件的发生。

加强业扩报装环节监督，开展乱收费问题排查和明察暗访工作，加大乱收费处罚力度，发现问题从严追究，杜绝乱收费现象。

案例 2　业扩报装超时限，推诿怠慢不应当

事件经过

5 月 24 日，某公司客户到营业厅申请新装用电，工作人员承诺 6 月 3 日装表接电，至今未兑现，工作人员告知表库管理员不在，无法领取表计装表，造成客户多次往返营业厅。

调查结果

客户反映情况属实。客户办理业扩报装业务后，工作人员未同步线上流转，因表库管理员休假，工作没有做好交接，造成客户多次往返，引发客户投诉。现工作人员已向客户赔礼道歉并把客户的电能表安装完毕。

违规条款

（1）违反《国家电网公司供电服务规范》第二章第四条第二款："真心实意为客户着想，尽量满足客户的合理要求。对客户的咨询、投诉等不推诿、不拒绝、不搪塞，及时、耐心、准确地给予解答。"

（2）违反《国家电网有限公司员工服务行为"十个不准"》（修订版）第三条："不准无故拒绝或拖延客户用电申请，增加办理条件和环节。"

（3）违反《国家电网有限公司员工服务行为"十个不准"》（修订版）第六条："不准漠视客户合理用电诉求，推诿、搪塞、怠慢客户。"

（4）违反《国家电网有限公司供电服务"十项承诺"》（修订版）第六条："获得电力快捷高效。低压客户平均接电时间：居民客户 5 个工作日，非居民客户 15 个工作日。高压客户供电方案答

复期限：单电源供电 15 个工作日，双电源供电 30 个工作日。高压客户装表接电期限：受电工程检验合格并办结相关手续后 5 个工作日。”

暴露问题

基层工作人员在业务技能、服务意识、工作态度、工作责任心等方面欠缺，工作没有做好交接，没有做到真心实意为客户着想，急客户之所急，积极处理客户诉求，推诿、怠慢引发投诉。

考核处理

按照《国家电网公司供电服务奖惩规定》《国网河南省电力公司供电服务“零容忍”考核实施意见》，对相关责任人处理如下：

（1）对主要责任人经济处罚 3000 元，通报批评，待岗 1 年。

（2）对次要责任人经济处罚 2000 元，通报批评，待岗 2 个月，取消年度评先晋升资格。

（3）对责任班组负责人经济处罚 2000 元，通报批评，待岗 1 个月，取消班组年度评先资格。

（4）对责任部门分管负责人经济处罚 1000 元，通报批评。

（5）对责任部门负责人经济处罚 1000 元，通报批评。

（6）对责任单位分管负责人经济处罚 1000 元，通报批评。

规避投诉要点

（1）加强供电所人员业扩报装业务培训，避免不熟悉业务，“想当然”引发投诉。

（2）提高人员服务意识，以客户为中心，多换位思考，想客户之所想，急客户之所急。

（3）加强员工休假管理，做好内部工作交接。

案例3 业扩管理不规范，有诺不践起纷争

事件经过

6月7日，某公司客户来电投诉，5月26日客户通过当地服务电话预约办理居民新装业务，工作人员与客户联系时表示当日有其他工作，要求客户将身份证和房产证复印件送到供电所，造成客户重复往返，引发客户投诉。

调查结果

客户反映情况属实。因工作人员当时有其他业务，没有现场进行收资，造成违背承诺，导致业扩报装超时限引发投诉。

违规条款

（1）违反《国家电网公司供电服务规范》第二章第四条第二款："真心实意为客户着想，尽量满足客户的合理要求。对客户的咨询、投诉等不推诿、不拒绝、不搪塞，及时、耐心、准确地给予解答。"

（2）违反《国家电网有限公司员工服务行为"十个不准"》（修订版）第六条："不准漠视客户合理用电诉求，推诿、搪塞、怠慢客户。"

（3）违反《国网河南省电力公司业扩报装"十个不准"》第五条："不准要求客户提交公司规定以外任何资料，具备线上办电条件的客户跑趟不超过1次。"

暴露问题

（1）工作人员未严格执行预约办电工作流程，业扩报装管理不规范，流程管控不到位。

（2）工作人员责任心不强，工作中未真心实意为客户着想，未将客户需求放在首位。

（3）供电所日常管理存在疏漏，对员工行为监控不力。

考核处理

按照《国家电网公司供电服务奖惩规定》《国网河南省电力公司供电服务“零容忍”考核实施意见》，对相关责任人处理如下：

（1）对主要责任人经济处罚3000元，通报批评，待岗1年。

（2）对次要责任人经济处罚2000元，通报批评，待岗2个月，取消年度评先晋升资格。

（3）对责任班组负责人经济处罚2000元，通报批评，待岗1个月，取消班组年度评先资格。

（4）对责任部门分管负责人经济处罚1000元，通报批评。

（5）对责任部门负责人经济处罚1000元，通报批评。

（6）对责任单位分管负责人经济处罚1000元，通报批评。

规避投诉要点

加强人员业务技能培训，提升工作人员服务水平。

规范服务行为，站在“人人都是营商环境”的高度，不断强化服务意识，提升客户感知度。

案例 4 客户经理懒作为，客户投诉没商量

事件经过

4 月 10 日，某公司客户到营业厅申请高压新装业务，5 月初已经验收合格并装表完毕，供电合同也签署完毕，但至今仍未送电，客户表示不满。

调查结果

客户反映情况属实。客户为高压新装，因工作人员未能及时上报停电计划，导致未按时送电，引发客户投诉。

违规条款

（1）违反《国家电网公司供电服务规范》第二章第四条第二款："真心实意为客户着想，尽量满足客户的合理要求。对客户的咨询、投诉等不推诿、不拒绝、不搪塞，及时、耐心、准确地给予解答。"

（2）违反《国家电网有限公司员工服务行为"十个不准"》（修订版）第六条："不准漠视客户合理用电诉求，推诿、搪塞、怠慢客户。"

（3）违反《国家电网有限公司供电服务"十项承诺"》（修订版）第六条："获得电力快捷高效。低压客户平均接电时间：居民客户 5 个工作日，非居民客户 15 个工作日。高压客户供电方案答复期限：单电源供电 15 个工作日，双电源供电 30 个工作日。高压客户装表接电期限：受电工程检验合格并办结相关手续后 5 个工作日。"

（4）违反《国网河南省电力公司"放管服"改革业扩报装十项禁令》第五条："推诿拖延，超时办理业务。"

暴露问题

（1）工作人员责任心不强，计划停电未根据客户意向接电时间及施工进度及时上报，服务意识淡薄，未能按承诺时限完成送电工作。

（2）业扩报装流程各环节时限监控不到位。

考核处理

按照《国家电网公司供电服务奖惩规定》《国网河南省电力公司供电服务“零容忍”考核实施意见》，对相关责任人处理如下：

（1）对主要责任人经济处罚3000元，通报批评，待岗1年。

（2）对次要责任人经济处罚2000元，通报批评，待岗2个月，取消年度评先晋升资格。

（3）对责任班组负责人经济处罚2000元，通报批评，待岗1个月，取消班组年度评先资格。

（4）对责任部门分管负责人经济处罚1000元，通报批评。

（5）对责任部门负责人经济处罚1000元，通报批评。

（6）对责任单位分管负责人经济处罚1000元，通报批评。

规避投诉要点

（1）强化规章制度的落实工作，加大规章制度执行的监督考核，认真执行各项服务规章制度，严格遵守供电服务规范，不断提升供电服务规范化水平。

（2）加强业扩报装计划停电管理，严格管控业扩报装各环节时限，提高工作效率，不断完善业扩超时预警机制，防止环节超时现象发生。

案例 5　业扩报装“三指定”，有章不循受处罚

事件经过

某公司客户投诉，2019 年 9 月客户到供电营业厅办理居民新装业务后，电工安装电能表时要求客户必须到指定的五金店购买表后负荷线，客户不满引发投诉。

调查结果

客户投诉属实。经调查，2019 年 9 月客户在某供电营业厅办理居民新装业务时，客户经理朱某在为客户装表时要求客户到指定商店购买负荷线。客户购买电料和支付现金的门店是台区客户经理朱某儿子开的店，台区客户经理确实存在“三指定问题”。现已把收取的 400 元退还给客户。

违规条款

（1）违反《国家电网公司供电服务规范》第二章第四条第二款：“真心实意为客户着想，尽量满足客户的合理要求。对客户的咨询、投诉等不推诿、不拒绝、不搪塞，及时、耐心、准确地给予解答。”

（2）违反《国家电网有限公司员工服务行为“十个不准”》（修订版）第四条：“不准为客户工程指定设计、施工、供货单位。”

（3）违反《国家电网有限公司员工服务行为“十个不准”》（修订版）第十条：“不准利用岗位与工作便利侵害客户利益、为个人及亲友谋取不正当利益。”

暴露问题

（1）工作人员违反规定标准，利用工作之便谋取不正当利益，

损害自身及供电公司形象。

（2）业扩报装管理不规范，流程管控不到位。

考核处理

按照《国家电网公司供电服务奖惩规定》《国网河南省电力公司供电服务“零容忍”考核实施意见》，对相关责任人处理如下：

（1）对主要责任人经济处罚3000元，通报批评，待岗1年。

（2）对次要责任人经济处罚2000元，通报批评，待岗2个月，取消年度评先晋升资格。

（3）对责任班组负责人经济处罚2000元，通报批评，待岗1个月，取消班组年度评先资格。

（4）对责任部门分管负责人经济处罚1000元，通报批评。

（5）对责任部门负责人经济处罚1000元，通报批评。

（6）对责任单位分管负责人经济处罚1000元，通报批评。

规避投诉要点

建立优质服务保障机制，以满足客户需要为供电服务的出发点，围绕客户需求，规范服务行为，杜绝各类服务不良案例。

案例 6　装表接电违承诺，客户投诉没商量

事件经过

某客户反映在 7 月 30 日通过微信办理居民新装业务，预约时间为 8 月 3 日，但截至 8 月 5 日仍没有工作人员与其联系，现已超出规定时限，客户急需用电，请相关部门尽快核实处理。

调查结果

客户投诉情况属实。客户在 7 月 30 日通过微信办理居民新装业务，工作人员操作失误，误将该工单进行流程终止。客户打电话后发现操作失误，随后装表接电，解决客户诉求。

违规条款

（1）违反《国家电网公司供电服务规范》第二章第四条第二款："真心实意为客户着想，尽量满足客户的合理要求。对客户的咨询、投诉等不推诿、不拒绝、不搪塞，及时、耐心、准确地给予解答。"

（2）违反《国家电网有限公司员工服务行为"十个不准"》（修订版）第三条："不准无故拒绝或拖延客户用电申请，增加办理条件和环节。"

（3）违反《国家电网有限公司员工服务行为"十个不准"》（修订版）第六条："不准漠视客户合理用电诉求，推诿、搪塞、怠慢客户。"

（4）违反《国家电网有限公司供电服务"十项承诺"（修订版）》第六条："获得电力快捷高效。低压客户平均接电时间：居民客户 5 个工作日，非居民客户 15 个工作日。高压客户供电方案答复期限：单电源供电 15 个工作日，双电源供电 30 个工作日。高

压客户装表接电期限：受电工程检验合格并办结相关手续后 5 个工作日。”

暴露问题

（1）工作人员责任心不强，在未进行核实的情况下终止流程工单。

（2）供电服务过程监督管理不到位，未能及时发现工作中出现的问题。

考核处理

按照《国家电网公司供电服务奖惩规定》《国网河南省电力公司供电服务“零容忍”考核实施意见》，对相关责任人处理如下：

（1）对主要责任人经济处罚 3000 元，通报批评，待岗 1 年。

（2）对次要责任人经济处罚 2000 元，通报批评，待岗 2 个月，取消年度评先晋升资格。

（3）对责任班组负责人经济处罚 2000 元，通报批评，待岗 1 个月，取消班组年度评先资格。

（4）对责任部门分管负责人经济处罚 1000 元，通报批评。

（5）对责任部门负责人经济处罚 1000 元，通报批评。

（6）对责任单位分管负责人经济处罚 1000 元，通报批评。

规避投诉要点

加强工作人员服务意识，提升工作责任心；建立工单终止回访机制，发现问题及时处理。

案例 7　拒绝受理引投诉，首问负责最重要

事件经过

客户反映 4 月 20 日到某供电营业厅办理新装业务，工作人员表示客户申请地址非自己管辖范围，让其到所属营业厅办理，客户表示不满。

调查结果

客户反映情况属实。经落实，客户申请报装小区地址为其他供电部管辖，营业厅人员未受理客户新装业务，让其去另外营业厅办理。

违规条款

（1）违反《国家电网公司供电服务规范》第二章第四条第二款："真心实意为客户着想，尽量满足客户的合理要求。对客户的咨询、投诉等不推诿、不拒绝、不搪塞，及时、耐心、准确地给予解答。"

（2）违反《国家电网有限公司员工服务行为"十个不准"》（修订版）第三条："不准无故拒绝或拖延客户用电申请，增加办理条件和环节。"

（3）违反《国家电网有限公司员工服务行为"十个不准"》（修订版）第六条："不准漠视客户合理用电诉求，推诿、搪塞、怠慢客户。"

（4）违反《国家电网有限公司业扩报装管理规则》第三节第六十九条："向客户提供营业厅、'掌上电力'手机 App、95598 网站等办电服务渠道，实行'首问负责制''一证受理''一次性告知''一站式服务'。对于有特殊需求的客户群体，提供办电预约上门服务。"

（5）违反《国家电网有限公司业扩报装管理规则》第三节第

七十条第三款："实行同一地区可跨营业厅受理办电申请。各级供电营业厅，均应受理各电压等级客户用电申请。同城异地营业厅应在1个工作日内将收集的客户报装资料传递至属地营业厅，实现'内转外不转'。"

（6）违反《国网河南省电力公司"放管服"改革业扩报装十项禁令》第一条："无故拒绝受理本地或同省异地业务。"

暴露问题

（1）营业厅人员未履行首问负责制，未按工作要求服务客户，服务意识淡薄。

（2）营业厅日常管理存在疏漏，对员工服务行为监督不力，给供电企业形象带来不良影响。

考核处理

按照《国家电网公司供电服务奖惩规定》《国网河南省电力公司供电服务"零容忍"考核实施意见》，对相关责任人处理如下：

（1）对主要责任人经济处罚3000元，通报批评，待岗1年。

（2）对次要责任人经济处罚2000元，通报批评，待岗2个月，取消年度评先晋升资格。

（3）对责任班组负责人经济处罚2000元，通报批评，待岗1个月，取消班组年度评先资格。

（4）对责任部门分管负责人经济处罚1000元，通报批评。

（5）对责任部门负责人经济处罚1000元，通报批评。

（6）对责任单位分管负责人经济处罚1000元，通报批评。

规避投诉要点

（1）提高营业厅人员的服务意识，改进工作作风，提升服务质量。

（2）落实首问负责制和同省异地业务办理要求，提升窗口人员服务能力。

案例 8　业务交接不规范，线下流转惹麻烦

事件经过

2020 年 8 月 14 日客户来电反映，该客户于 7 月底至某供电营业厅，提交了身份证及房产证复印件，申请一块低压三相电能表，用于居民用电，至投诉之日无人联系装表。

调查结果

经调查，客户投诉属实。该客户于 2020 年 7 月 25 日（周六）至营业厅申请电能表增容。工作人员刘某核对客户资料后告知客户受理完毕，随后会有工作人员联系装表接电。刘某当时并未将客户申请录入系统，也未与周日当值工作人员交接该户申请资料。7 月 27 日（周一）至客户投诉之日，刘某休产假，导致始终无人联系客户装表，超出承诺时限。

违规条款

（1）违反《国家电网公司供电服务规范》第二章第四条第二款："真心实意为客户着想，尽量满足客户的合理要求。对客户的咨询、投诉等不推诿、不拒绝、不搪塞，及时、耐心、准确地给予解答。"

（2）违反《国家电网有限公司供电服务"十项承诺"》（修订版）第六条："获得电力快捷高效。低压客户平均接电时间：居民客户 5 个工作日，非居民客户 15 个工作日。高压客户供电方案答复期限：单电源供电 15 个工作日，双电源供电 30 个工作日。高压客户装表接电期限：受电工程检验合格并办结相关手续后 5 个工作日。"

（3）违反《国家电网有限公司员工服务"十个不准"》（修订

版）第三条："不准无故拒绝或拖延客户用电申请，增加办理条件和环节。"

（4）违反《国家电网有限公司业扩报装管理规则》第三节第七十条："受理客户用电申请时，应主动向客户提供用电咨询服务，接收并查验客户申请资料，及时将相关信息录入营销业务应用系统，由系统自动生成业务办理表单（表单中办理时间和相应二维码信息由系统自动生成）。推行线上办电、移动作业和客户档案电子化，坚决杜绝系统外流转。"

（5）违反《国网河南省电力公司"放管服"改革业扩报装十项禁令》第十条："办电业务未同步线上流转。"

暴露问题

（1）规章制度执行不严格、学习掌握不彻底，未真正使服务规范、工作标准和员工行为规范落到实处。

（2）业扩报装管理不规范，流程管控不到位。

（3）工作人员职责意识不强，业务交接工作不规范。

（4）未及时将客户申请信息录入营销系统，线下流转。

考核处理

按照《国家电网公司供电服务奖惩规定》《国网河南省电力公司供电服务"零容忍"考核实施意见》，对相关责任人处理如下：

（1）对主要责任人经济处罚3000元，通报批评，待岗1年。

（2）对次要责任人经济处罚2000元，通报批评，待岗2个月，取消年度评先晋升资格。

（3）对责任班组负责人经济处罚2000元，通报批评，待岗1个月，取消班组年度评先资格。

（4）对责任部门分管负责人经济处罚1000元，通报批评。

（5）对责任部门负责人经济处罚1000元，通报批评。

（6）对责任单位分管负责人经济处罚1000元，通报批评。

规避投诉要点

（1）认真学习公司规章制度，学习服务规范、工作标准和员工行为规范等优质服务相关文件。

（2）严格执行国家电网有限公司管理制度，将制度落到实处。

（3）提高人员服务意识，以客户为中心，多换位思考，想客户之所想，急客户之所急。

（4）加强员工休假业务交接管理工作，做好工作内部交接。

案例9 政策执行不到位，应接不接引投诉

事件经过

2020年3月14日某企业客户投诉：2月初办理低压增容至60kW，客户经理张某告知“公用变压器容量小，需客户出资安装专用变压器”。

调查结果

客户投诉属实。该企业属于小微企业，本次申请增加容量40kW，但该企业所在台区公用变压器容量仅有250kVA，现有接入容量已达300kVA，如接入后将达到340kVA，超出现有公用变压器承载能力的36%。客户经理张某考虑台区其他客户及该企业的用电可靠性，建议该户自投专用变压器，引起客户不满意。

违规条款

（1）违反《国家电网公司供电服务规范》第二章第四条第二款：“真心实意为客户着想，尽量满足客户的合理要求。对客户的咨询、投诉等不推诿、不拒绝、不搪塞，及时、耐心、准确地给予解答。”

（2）违反《国家电网有限公司员工服务行为“十个不准”》（修订版）第三条：“不准无故拒绝或拖延客户用电申请，增加办理条件和环节。”

（3）违反《国家电网有限公司员工服务行为“十个不准”》第六条：“不准漠视客户合理用电诉求，推诿、搪塞、怠慢客户。”

（4）违反《国家电网有限公司关于印发持续优化营商环境提升供电服务水平两年行动计划的通知》（国家电网办〔2018〕1028号）及《国家电网有限公司持续优化营商环境提升供电服务水平

两年行动计划》的要求："对小微企业客户，合理确定低压接入容量标准，原则上城市地区 160kW、农村地区 100kW 及以下客户，采取低压方式接入电网。"

（5）违反《国网河南省电力公司"放管服"改革业扩报装十项禁令》第四条："未执行'先接入、后改造'。"

（6）违反《国网河南省电力公司"放管服"改革业扩报装十项禁令》第八条："私设收费项目或履责不当造成客户办电成本增加。"

暴露问题

（1）工作人员服务意识薄弱，未能真正考虑客户需求。

（2）未严格执行《国家电网有限公司持续优化营商环境提升供电服务水平两年行动计划》的要求，加大客户投资。

（3）当配电网建设不能满足客户当前需求时，未及时进行改造。

考核处理

按照《国家电网公司供电服务奖惩规定》《国网河南省电力公司供电服务"零容忍"考核实施意见》，对相关责任人处理如下：

（1）对主要责任人经济处罚 3000 元，通报批评，待岗 1 年。

（2）对次要责任人经济处罚 2000 元，通报批评，待岗 2 个月，取消年度评先晋升资格。

（3）对责任班组负责人经济处罚 2000 元，通报批评，待岗 1 个月，取消班组年度评先资格。

（4）对责任部门分管负责人经济处罚 1000 元，通报批评。

（5）对责任部门负责人经济处罚 1000 元，通报批评。

（6）对责任单位分管负责人经济处罚 1000 元，通报批评。

规避投诉要点

（1）提高人员服务意识，以客户为中心，多换位思考，想客户之所想，急客户之所急。

（2）加强营销人员对“优化营商环境提升供电服务水平”相关政策的学习并严格执行。

（3）加强协同部门之间的配合，保障物资供应，加强配电网工程建设，满足客户用电接入需求。

案例 10　客户无辜跑多趟，暗推施工难如愿

事件经过

2020 年 4 月 18 日某客户投诉，刘先生为某垃圾处理厂办理用电增容业务，多次往返营业厅且工作人员有指定施工单位嫌疑。

调查结果

经调查客户投诉属实。某垃圾处理厂于 2019 年 12 月申请新装 315kVA 变压器一台，2020 年 4 月 10 日，由于新增设备又申请增容 100kVA 变压器一台。法人刘先生持该厂统一社会信用代码至营业厅办理增容业务。受理员高某告知客户，还需提供产权证明及环境影响评价报告等资料，造成客户多次往返营业厅。办理过程中刘先生询问增容 100kVA 变压器需要多少费用，业务受理员回答：一般都比较贵，也比较慢。如果让某施工单位安装会节约不少费用，还能很快用上电。

违规条款

（1）违反《国家电网公司供电服务规范》第二章第四条第二款："真心实意为客户着想，尽量满足客户的合理要求。对客户的咨询、投诉等不推诿、不拒绝、不搪塞，及时、耐心、准确地给予解答。"

（2）违反《国家电网有限公司员工服务行为"十个不准"》（修订版）第四条："不准为客户工程指定设计、施工、供货单位。"

（3）违反《国家电网有限公司员工服务"十个不准"》（修订版）第六条："不准漠视客户合理用电诉求，推诿、搪塞、怠慢客户。"

（4）违反《国家电网有限公司关于印发持续优化营商环境提

升供电服务水平两年行动计划的通知》（国家电网办〔2018〕1028号）及《国家电网有限公司持续优化营商环境提升供电服务水平两年行动计划》的要求：增容、变更用电时，客户前期已提供且在有效期以内的资料无需再次提供。

（5）违反《国网河南省电力公司业扩报装“十个不准”》第五条：“不准要求客户提交公司规定以外任何资料，具备线上办电条件的客户跑趟不超过1次。”

暴露问题

（1）工作人员违反服务规定及标准，利用工作之便为客户指定施工单位，损害自身及供电公司形象。

（2）服务监督管理不到位，未能及时发现工作中出现的问题。

考核处理

按照《国家电网公司供电服务奖惩规定》《国网河南省电力公司供电服务“零容忍”考核实施意见》，对相关责任人处理如下：

（1）对主要责任人经济处罚3000元，通报批评，待岗1年。

（2）对次要责任人经济处罚2000元，通报批评，待岗2个月，取消年度评先晋升资格。

（3）对责任班组负责人经济处罚2000元，通报批评，待岗1个月，取消班组年度评先资格。

（4）对责任部门分管负责人经济处罚1000元，通报批评。

（5）对责任部门负责人经济处罚1000元，通报批评。

（6）对责任单位分管负责人经济处罚1000元，通报批评。

规避投诉要点

（1）认真学习公司规章制度，学习服务规范、工作标准和员工行为规范等优质服务相关文件。

（2）严格执行国家电网有限公司有关持续优化营商环境提升

供电服务水平的管理制度，并将制度落到实处。

（3）加强工作人员服务意识的培训，以客户为中心，多换位思考。

（4）定期检查政策执行情况，严格管控服务行为，发现问题及时纠正。

案例 11 反复拖延不装表，情节严重遭投诉

事件经过

2020 年 6 月 12 日，接客户王某投诉家里具备直接装表接电条件，由于供电所发电能表的人一直不在，故至今未给客户装表，客户表示不满。

调查结果

经调查，客户投诉属实。客户 2020 年 5 月 24 日到营业厅办理居民新装用电业务，5 月 25 日工作人员薛某现场勘查时发现客户家正在盖房，没有发起线上流转并随口告知客户月底忙，跟客户约好 6 月 3 日给客户装表，之后因为薛某家中有事，一直没有联系客户。6 月 11 日客户再次询问什么时候安装电能表，薛某推诿说发电能表的人不在没法领表，领了表就联系给客户安装，但未明确联系时间导致客户不满。

违规条款

（1）违反《国家电网公司供电服务规范》第二章第四条第二款："真心实意为客户着想，尽量满足客户的合理要求。对客户的咨询、投诉等不推诿、不拒绝、不搪塞，及时、耐心、准确地给予解答。"

（2）违反《国家电网有限公司供电服务"十项承诺"》（修订版）第六条："获得电力快捷高效。低压客户平均接电时间：居民客户 5 个工作日，非居民客户 15 个工作日。高压客户供电方案答复期限：单电源供电 15 个工作日，双电源供电 30 个工作日。高压客户装表接电期限：受电工程检验合格并办结相关手续后 5 个工作日。"

（3）违反《国家电网有限公司员工服务“十个不准”》（修订版）第三条：“不准无故拒绝或拖延客户用电申请，增加办理条件和环节。”

（4）违反《国家电网有限公司员工服务“十个不准”》（修订版）第六条：“不准漠视客户合理用电诉求，推诿、搪塞、怠慢客户。”

（5）违反《国家电网有限公司业扩报装管理规则》第三节第七十条：“受理客户用电申请时，应主动向客户提供用电咨询服务，接收并查验客户申请资料，及时将相关信息录入营销业务应用系统，由系统自动生成业务办理表单（表单中办理时间和相应二维码信息由系统自动生成）。推行线上办电、移动作业和客户档案电子化，坚决杜绝系统外流转。”

暴露问题

（1）工作人员职责意识不强，投诉风险意识不强。

（2）规章制度执行不严、学习掌握不彻底，未真正使服务规范、工作标准和员工行为规范落到实处。

（3）未及时将客户申请信息录入营销系统，线下流转。

（4）业扩报装管理不规范，流程管控不到位。

考核处理

按照《国家电网公司供电服务奖惩规定》《国网河南省电力公司供电服务“零容忍”考核实施意见》，对相关责任人处理如下：

（1）对主要责任人经济处罚 3000 元，通报批评，待岗 1 年。

（2）对次要责任人经济处罚 2000 元，通报批评，待岗 2 个月，取消年度评先晋升资格。

（3）对责任班组负责人经济处罚 2000 元，通报批评，待岗 1 个月，取消班组年度评先资格。

（4）对责任部门分管负责人经济处罚 1000 元，通报批评。

（5）对责任部门负责人经济处罚1000元，通报批评。

（6）对责任单位分管负责人经济处罚1000元，通报批评。

规避投诉要点

（1）认真学习公司规章制度，学习服务规范、工作标准和员工行为规范等优质服务相关文件。

（2）严格执行国家电网有限公司管理制度，将制度落到实处。

（3）提高人员服务意识，以客户为中心，多换位思考，想客户之所想，急客户之所急。

（4）加强员工内部工作交接管理。

（5）加强业扩报装各环节管控。

案例 12　审核把关不够严，业扩报装超时限

事件经过

9 月 26 日，某公司客户反映 9 月 12 日在某营业厅申请非居民新装业务后，没有工作人员与其联系处理。

调查结果

经调查，客户反映情况属实。9 月 12 日上午，租户王某及房东许某到营业厅申请低压非居民新装业务。工作人员系统查询后发现因报装地址为房东许某房产，现已装表用电，不符合办理新装用电业务。工作人员对资料审核把关不严，在客户提供的主体证明与产权证明不一致，而且营业执照地址与实际不符（营业执照地址已在附近小区专用变压器接火用电且与客户申请用电地址不一致）的情况下，收取了客户相关资料，并在发现资料不符的情况下未通知客户。

违规条款

（1）违反《国家电网公司供电服务规范》第二章第四条第五款："熟知本岗位的业务知识和相关技能，岗位操作规范、熟练，具有合格的专业技术水平。"

（2）违反《国网河南省电力公司"放管服"改革业扩报装十项禁令》第二条："未执行'一口负责，一办到底'。"

（3）违反《国网河南省电力公司业扩报装"十个不准"》第四条："不准推诿拖延、超时办理、线下办理。"

暴露问题

（1）业务受理人员审核把关不够严格，在客户提供的主体证

明与产权证明不一致且营业执照地址与实际不符的情况下，收取了客户相关资料。

（2）营业厅工作人员未履行“一次性告知”，已发现错误没有及时与客户沟通。

（3）受理客户用电申请后，未及时办理，发现受理资料有问题时，未及时终止流程，造成业扩报装超时限。

考核处理

按照《国家电网公司供电服务奖惩规定》《国网河南省电力公司供电服务“零容忍”考核实施意见》，对相关责任人处理如下：

（1）对主要责任人经济处罚3000元，通报批评，待岗1年。

（2）对次要责任人经济处罚2000元，通报批评，待岗2个月，取消年度评先晋升资格。

（3）对责任班组负责人经济处罚2000元，通报批评，待岗1个月，取消班组年度评先资格。

（4）对责任部门分管负责人经济处罚1000元，通报批评。

（5）对责任部门负责人经济处罚1000元，通报批评。

（6）对责任单位分管负责人经济处罚1000元，通报批评。

规避投诉要点

（1）工作人员在接待客户时应严格落实“首问负责制”“一次性告知”，做到一口负责，一办到底。

（2）对工作人员加强日常培训，使其增强工作责任心，熟悉公司相关业务办理规定，提高服务客户技能。

（3）要不断完善服务监督机制，在工作中由系统或专人进行业扩工作超时提醒，防止业扩超时现象发生。

案例 13　推诿搪塞态度差，客户不满惹投诉

事件经过

2020 年 7 月 9 日，某公司客户到当地供电所申请打井电能表，工作人员一直推脱至今未装表，客户反映工作人员态度差。

调查结果

经调查，客户反映情况属实。7 月 9 日，客户到当地供电所申请打井电能表，管片电工一直推脱至今未装表。7 月 17 日客户再与管片电工联系时，该工作人员态度差、不耐烦，反问客户是否知道他们什么时候上班，便挂断客户电话。接到投诉后现已为客户安装电能表，解决客户诉求。

违规条款

（1）违反《国家电网公司供电服务规范》第二章第四条第二款："真心实意为客户着想，尽量满足客户的合理要求。对客户的咨询、投诉等不推诿、不拒绝、不搪塞，及时、耐心、准确地给予解答。"

（2）违反《国家电网有限公司供电服务"十项承诺"》（修订版）第六条："获得电力快捷高效。低压客户平均接电时间：居民客户 5 个工作日，非居民客户 15 个工作日。高压客户供电方案答复期限：单电源供电 15 个工作日，双电源供电 30 个工作日。高压客户装表接电期限：受电工程检验合格并办结相关手续后 5 个工作日。"

（3）违反《国家电网有限公司员工服务"十个不准"》（修订版）第三条："不准无故拒绝或拖延客户用电申请，增加办理条件和环节。"

（4）违反《国家电网有限公司员工服务“十个不准”》（修订版）第六条：“不准漠视客户合理用电诉求，推诿、搪塞、怠慢客户。”

暴露问题

（1）工作人员未及时给客户装表，漠视客户合理用电诉求，推诿、搪塞、怠慢客户。

（2）工作人员缺乏沟通技巧，态度不好、不耐烦，反问客户并挂断电话，引发投诉。

考核处理

按照《国家电网公司供电服务奖惩规定》《国网河南省电力公司供电服务“零容忍”考核实施意见》，对相关责任人处理如下：

（1）对主要责任人经济处罚3000元，通报批评，待岗1年。

（2）对次要责任人经济处罚2000元，通报批评，待岗2个月，取消年度评先晋升资格。

（3）对责任班组负责人经济处罚2000元，通报批评，待岗1个月，取消班组年度评先资格。

（4）对责任部门分管负责人经济处罚1000元，通报批评。

（5）对责任部门负责人经济处罚1000元，通报批评。

（6）对责任单位分管负责人经济处罚1000元，通报批评。

规避投诉要点

（1）工作人员对客户合理用电诉求要及时响应，按照公司规定办理，杜绝推诿、搪塞、怠慢客户。

（2）工作人员应加强培训，积极践行“人民电业为人民”的企业宗旨，掌握与客户沟通技巧，增强服务意识，提升服务技能。

案例 14　拒报限报轮流来，客户愤而来投诉

事件经过

客户来电反映，2020 年春由于要做生意向供电所申请用电，结果跑了两次都被拒绝，久拖未决，用户无奈之下拨打了 95598 进行投诉。

调查结果

经调查，该投诉属实。客户李先生因为做生意到供电所申请报装动力表，供电所三相智能电能表库存用完，但由于表计管理人员休假，未能及时申请补充。营业厅工作人员告知表库无表，不能受理客户申请，让客户 5 天后再来办理。5 天后客户再次来到供电所，表计有了，但现场勘查发现该客户用电负荷 40kW，用电地址所处台区变压器已处于长期重载运行，如果再接入会出现低电压等问题，现场勘查人员就以变压器已满载，不能再接入新负荷为由，拒绝了李先生的报装申请。李先生询问何时才能接上电，现场勘查人员表示无法确定，需要等到台区改造完成后才可以。4 月 30 日，李先生因一直没有等到后续的消息，于是向 95598 投诉。

违规条款

（1）违反《国家电网公司供电服务规范》第二章第四条第二款："真心实意为客户着想，尽量满足客户的合理要求。对客户的咨询、投诉等不推诿、不拒绝、不搪塞，及时、耐心、准确地给予解答。"

（2）违反《国家电网有限公司供电服务"十项承诺"》（修订版）第六条："获得电力快捷高效。低压客户平均接电时间：居民客户 5 个工作日，非居民客户 15 个工作日。高压客户供电方案答

复期限：单电源供电 15 个工作日，双电源供电 30 个工作日。高压客户装表接电期限：受电工程检验合格并办结相关手续后 5 个工作日。”

（3）违反《国家电网有限公司员工服务“十个不准”》（修订版）第三条：“不准无故拒绝或拖延客户用电申请，增加办理条件和环节。”

（4）违反《国家电网有限公司员工服务“十个不准”》（修订版）第六条：“不准漠视客户合理用电诉求，推诿、搪塞、怠慢客户。”

（5）违反《国网河南省电力公司“放管服”改革业扩报装十项禁令》第四条：“未执行‘先接入、后改造’。”

（6）违反《国网河南省电力公司“放管服”改革业扩报装十项禁令》第九条：“自身责任造成客户跑趟超一次。”

暴露问题

（1）工作人员主动服务意识不够，市场竞争意识不强。对于客户主动要求新装用电没有及时办理，而是以各种理由拒报限报。

（2）供电公司未严格落实国家电网有限公司“电网接入受限项目，先接入，后改造”的要求，而且未根据客户需求积极改造，未能满足客户的用电需求。

（3）未严格执行“一次性告知”“最多跑一次”要求，造成客户重复往返。

（4）供电所日常管理存在问题，由于管理人员请假而造成表计未能及时补充。

考核处理

按照《国家电网公司供电服务奖惩规定》《国网河南省电力公司供电服务“零容忍”考核实施意见》，对相关责任人处理如下：

（1）对主要责任人经济处罚 3000 元，通报批评，待岗 1 年。

（2）对次要责任人经济处罚 2000 元，通报批评，待岗 2 个月，取消年度评先晋升资格。

（3）对责任班组负责人经济处罚 2000 元，通报批评，待岗 1 个月，取消班组年度评先资格。

（4）对责任部门分管负责人经济处罚 1000 元，通报批评。

（5）对责任部门负责人经济处罚 1000 元，通报批评。

（6）对责任单位分管负责人经济处罚 1000 元，通报批评。

规避投诉要点

（1）真正把“人民电业为人民”服务宗旨落到实处，更好地落实优化营商环境提升供电服务水平的相关措施，让小微客户享受到“放管服”改革的红利。

（2）供电公司日常应加强培训工作，增强员工主动服务意识、市场竞争意识，做好增供扩销工作，提高市场竞争力。

（3）提高服务风险意识，对业扩受限问题，各管理部门需加强跟踪管理，列出整改任务清单，排出时间表，切实解决问题。对确实因为容量受限不能接入的项目，要向客户做好解释工作。

（4）供电所应加强日常管理，完善考核监督机制，做好工作交接。

案例15 校表工作太怠慢，结果迟迟未答复

事件经过

客户来电投诉，2020年5月16日客户在某营业厅申请办理电能表校验业务，办理业务时承诺5个工作日回复校验结果，但已过半个月了仍没有回复校验结果，客户要求尽快处理核实此事。

调查结果

客户反映情况属实。经调查，客户于2020年5月16日申请电能表校验，电能表校验完毕后，由于工作人员疏忽，忘记回复客户校验结果，已严重超出时限要求。现已答复客户，并已为客户解决实际问题。

违规条款

（1）违反《国家电网有限公司供电服务“十项承诺”》（修订版）第七条“电能表异常快速响应。受理客户计费电能表校验申请后，5个工作日内出具检测结果。客户提出电能表数据异常后，5个工作日内核实并答复。”

（2）违反《国网河南省电力公司“放管服”改革业扩报装十项禁令》第五条：“推诿拖延、超时办理业务。”

暴露问题

工作人员服务意识欠缺，没有做到真心实意为客户着想，尽力去解决客户反映问题。

基层工作人员规章制度执行不严，学习掌握不彻底，未真正使服务规范、工作标准和员工行为规范落到实处，工作态度、工作责任心等方面有待进一步提升。

考核处理

按照《国家电网公司供电服务奖惩规定》《国网河南省电力公司供电服务“零容忍”考核实施意见》，对相关责任人处理如下：

（1）对主要责任人经济处罚 3000 元，通报批评，待岗 1 年。

（2）对次要责任人经济处罚 2000 元，通报批评，待岗 2 个月，取消年度评先晋升资格。

（3）对责任班组负责人经济处罚 2000 元，通报批评，待岗 1 个月，取消班组年度评先资格。

（4）对责任部门分管负责人经济处罚 1000 元，通报批评。

（5）对责任部门负责人经济处罚 1000 元，通报批评。

（6）对责任单位分管负责人经济处罚 1000 元，通报批评。

规避投诉要点

（1）强化人员责任心，提高服务意识，真正使规范、工作标准和员工行为规范落到实处。

（2）加强人员业务技能培训，提升工作人员服务水平。

（3）建立监控预警机制，发现问题及时通报，限期整改。

案例16　拒绝受理惹纠纷，抽丝剥茧见真相

事件经过

客户反映2019年10月23日，到某供电所申请办理居民新装业务，办理资料齐全。供电公司告知客户需要等到11月1日才能提供电能表。客户表示工作人员服务态度不好，要求相关部门尽快核实处理。

调查结果

经调查，客户反映情况属实。某地方政府推出“煤改电”设备购置补贴政策，政策截止时间为11月1日。用户刘某（投诉人弟弟）10月23日将报装相关资料递交政府相关人员，但投诉人误认为将资料递交给供电公司，供电公司并未收到客户新装申请资料。10月26日投诉人到供电所询问何时可以装表，供电公司工作人员告知客户未收到相关资料并告知客户需本人来申请，但投诉人急于安装电能表对此不认可，并表示其弟弟没空，其代为办理，供电公司工作人员告知客户准备好资料并让其弟弟出具委托办理证明11月1日前办理均可以享受政府补贴，一天就可以办理完毕，客户误认为让其11月1日来办理。在沟通过程中供电所工作人员语气僵硬，缺乏与客户沟通的技巧，引发客户投诉。

违规条款

（1）违反《国家电网公司供电服务规范》第二章第四条第二款：“真心实意为客户着想，尽量满足客户的合理要求。对客户的咨询、投诉等不推诿、不拒绝、不搪塞，及时、耐心、准确地给予解答。”

（2）违反《国家电网公司供电服务规范》第二章第四条第五

款："熟悉本岗位的业务知识和相关技能，岗位操作规范、熟练，具有合格的专业技术水平。"

暴露问题

（1）受理人员严格执行政策本无过错，但是未能向客户解释清楚，造成客户误解，暴露出与客户沟通中缺乏技巧。

（2）受理人员主动服务意识，未能真心实意为客户着想，解决客户诉求。

（3）受理人员风险防范意识不强，暴露出企业平时对员工的有效培训未做到位。

考核处理

根据《国家电网公司供电服务奖惩规定》，对相关责任人做出以下考核处理：

（1）对责任人经济处罚500元并通报批评。

（2）对供电所所长经济处罚300元并通报批评。

规避投诉要点

（1）工作人员应掌握与客户沟通的技巧，规范服务话语，确保有效沟通。

（2）供电公司日常应加强培训工作，采取各种灵活的培训方式，确保培训效果，使员工提高服务风险意识，做好日常工作的同时，合理规避服务风险。

案例 17 业务办理不彻底，升级投诉可规避

事件经过

6 月 3 日，某公司客户申请变更联系电话，处理结果回复已在系统内更改为正确的账务联系人。7 月 31 日，客户再次拨打 95598 投诉，联系电话并未更改成功，客户表示不满。

调查结果

经调查，客户反映情况属实。因工作人员业务不熟练造成未彻底变更联系方式，引发投诉。接到客户投诉电话后再次修改了客户联系信息，客户对处理结果表示认可。

违规条款

（1）违反《国家电网公司供电服务规范》第二章第四条第二款："真心实意为客户着想，尽量满足客户的合理要求。对客户的咨询、投诉等不推诿、不拒绝、不搪塞，及时、耐心、准确地给予解答。"

（2）违反《国家电网公司供电服务规范》第二章第四条第五款："熟悉本岗位的业务知识和相关技能，岗位操作规范、熟练，具有合格的专业技术水平。"

暴露问题

（1）供电公司日常培训工作不到位，培训效果不佳，对员工是否满足岗位胜任能力监督不够。工作人员业务能力欠缺，操作不熟悉，不能正确响应、满足客户的合理需求。因业务不熟练造成未彻底变更联系方式，引发客户投诉。

（2）员工在服务意识、工作态度、责任心等方面有待进一步

提升，规章制度执行不严、学习掌握不彻底，未真正使服务规范、工作标准落实到工作人员的思想和行动上。

考核处理

根据《国家电网公司供电服务奖惩规定》，对相关责任人做出以下考核处理：

（1）对责任人经济处罚 500 元，通报批评。

（2）对供电所所长经济处罚 300 元，通报批评。

规避投诉要点

（1）供电公司日常应加强培训工作，采取各种灵活的培训方式，确保培训效果，使员工能满足岗位胜任能力要求。

（2）工作人员应在服务意识、工作态度、责任心等方面进一步增强，不断提高业务技能水平，认真遵守服务规范、工作标准要求，及时响应，满足客户的合理需求。

案例 18 执意推广新业务，客户感知被忽视

事件经过

客户到营业厅办理变压器暂停业务，被要求使用 App 申请业务表示不满。

调查结果

经调查，该投诉属实。2020 年 4 月 20 日，客户业务经办人到营业厅办理变压器暂停业务，营业厅工作人员要求其用手机使用网上国网 App 进行申请。在客户表示不会使用并流露出不满情绪时，营业厅人员仍坚持代其下载、注册网上国网 App，由客户手机申请暂停业务。期间营业厅人员对申请操作不熟悉，多次向其他人员请教，前后用了一个小时左右完成操作。国家电网客服中心人员回访客户时，客户表示了不满。

违规条款

（1）违反《国家电网公司供电服务规范》第二章第四条第二款："真心实意为客户着想，尽量满足客户的合理要求。对客户的咨询、投诉等不推诿、不拒绝、不搪塞，及时、耐心、准确地给予解答。"

（2）违反《国家电网公司供电服务规范》第二章第四条第五款："熟悉本岗位的业务知识和相关技能，岗位操作规范、熟练，具有合格的专业技术水平。"

（3）违反《国家电网有限公司员工服务"十个不准"》（修订版）第三条："不准无故拒绝或拖延客户用电申请，增加办理条件和环节。"

（4）违反《国家电网有限公司业扩报装管理规则》第三节第

六十七条："向客户提供营业厅、'掌上电力'手机 App、95598 网站等办电服务渠道，实行'首问负责制''一证受理''一次性告知''一站式服务'。对于有特殊需求的客户群体，提供办电预约上门服务。"

（5）违反《国网河南省电力公司"放管服"改革业扩报装十项禁令》第七条："私自增设业务环节或审查、校验事项。"

暴露问题

（1）工作人员向客户推广网上国网 App 时缺乏服务技巧。

（2）工作人员对新产品、新技术等掌握不到位，业务技能欠缺，使用网上国网 App 代客户办理业务不熟练。

（3）没有从客户视角看问题，忽略了客户感受，当客户表露出不满情绪时没有及时发现并采取补救措施。

考核处理

按照《国家电网公司供电服务奖惩规定》《国网河南省电力公司供电服务"零容忍"考核实施意见》，对相关责任人处理如下：

（1）对主要责任人经济处罚 3000 元，通报批评，待岗 1 年。

（2）对次要责任人经济处罚 2000 元，通报批评，待岗 2 个月，取消年度评先晋升资格。

（3）对责任班组负责人经济处罚 2000 元，通报批评，待岗 1 个月，取消班组年度评先资格。

（4）对责任部门分管负责人经济处罚 1000 元，通报批评。

（5）对责任部门负责人经济处罚 1000 元，通报批评。

（6）对责任单位分管负责人经济处罚 1000 元，通报批评。

规避投诉要点

（1）营业员向客户推广网上国网时应向客户介绍使用 App 的好处，如可以及时查看业务办理进度，了解相关的政策和收费标准等，在得到客户同意后方可帮助客户下载、注册网上国网 App。

（2）应熟练掌握网上国网 App 的各种操作界面，了解各种业务大概的处理时长，并在协助客户办理时提前告知。

（3）为客户推荐网上国网 App 等线上渠道时，应密切关注客户的接受度。若出现客户抱怨网上国网 App 或提出相应的意见建议时，应及时进行记录，向上级反馈，定期跟踪意见建议的处理情况并答复客户。

案例 19　房屋产权有纠纷，申请更名被拒绝

事件经过

客户来电反映，2019 年 12 月用户打电话投诉供电所工作人员推诿扯皮，投诉内容是他到供电所要求改名字，结果跑了三次都被拒绝。第一次是工作人员答复办理该业务工作人员不在，让用户改天来办；第二次答复所长不在，没法办理，第三次答复供电公司需要开会研究，再次拒绝了客户。用户无奈之下拨打了 95598 进行投诉。

调查结果

经调查，该投诉属实。供电所在办理中发现该用户要求变更的房屋存在纠纷，有法律流程，对房屋主体拥有人有争议，所以供电所不予办理，但未做出让用户认可的解释。不仅让用户反复跑路，还升级成投诉。

违规条款

（1）违反《国家电网公司供电服务规范》第二章第四条第二款："真心实意为客户着想，尽量满足客户的合理要求。对客户的咨询、投诉等不推诿、不拒绝、不搪塞，及时、耐心、准确地给予解答。"

（2）违反《国家电网有限公司员工服务行为"十个不准"》（修订版）第三条："不准无故拒绝或拖延客户用电申请，增加办理条件和环节。"

（3）违反《国网河南省电力公司"放管服"改革业扩报装十项禁令》第九条："自身责任造成客户跑趟超一次。"

暴露问题

（1）受理人员严格执行政策本无过错，但是未能向客户解释清楚，造成客户误解，暴露出与客户沟通中缺乏技巧。

（2）受理人员服务风险意识不强，暴露出企业平时对员工的有效培训未做到位。

（3）未严格执行“一次性告知”“最多跑一次”要求，造成客户重复往返。

考核处理

按照《国家电网公司供电服务奖惩规定》《国网河南省电力公司供电服务“零容忍”考核实施意见》，对相关责任人处理如下：

（1）对主要责任人经济处罚3000元，通报批评，待岗1年。

（2）对次要责任人经济处罚2000元，通报批评，待岗2个月，取消年度评先晋升资格。

（3）对责任班组负责人经济处罚2000元，通报批评，待岗1个月，取消班组年度评先资格。

（4）对责任部门分管负责人经济处罚1000元，通报批评。

（5）对责任部门负责人经济处罚1000元，通报批评。

（6）对责任单位分管负责人经济处罚1000元，通报批评。

规避投诉要点

（1）工作人员应掌握与客户沟通的技巧，规范服务话语，确保有效沟通。

（2）供电公司日常应加强培训工作，采取各种灵活的培训方式，确保培训效果，使员工提高服务风险意识，做好日常工作同时，合理规避服务风险。

（3）受理时严格执行公司“一次性告知”“最多跑一次”“首问负责制”等制度，满足客户合理需求。

案例20 坚守政策本无错，沟通无效起纠纷

事件经过

客户来电反映，其学校的其中一块电能表执行的用电类别为商业用电，现要求进行改类，并进行退补之前的电费差价。客户在2月27日去营业厅办理改类业务，但是工作人员回复说下个月再去办理，未受理客户业务，并且造成客户重复往返，请供电公司相关部门尽快核实并答复客户。

调查结果

经调查，客户反映情况确实存在，造成该情况的原因是：经现场核实，客户赵女士租用学校门面房开了一家茶社，具有营业性质，执行商业电价无误，但赵女士认为应执行中小学教学电价，故2月27日在营业厅申请办理改类业务。营业厅人员在为其办理业务时，未能准确答复中小学教学电价的执行范围，造成赵女士误解，并非未受理客户业务且造成客户重复往返。

违规条款

（1）违反《国家电网公司供电服务规范》第二章第四条第二款："真心实意为客户着想，尽量满足客户的合理要求。对客户的咨询、投诉等不推诿、不拒绝、不搪塞，及时、耐心、准确地给予解答。"

（2）违反《国网河南省电力公司"放管服"改革业扩报装十项禁令》第九条："自身责任造成客户跑趟超一次。"

暴露问题

（1）受理人员严格执行政策本无过错，但是未能向客户解释清楚，造成客户误解，暴露出与客户沟通中缺乏技巧。

（2）受理人员服务风险意识不强，暴露出企业平时对员工的有效培训未做到位。

考核处理

按照《国家电网公司供电服务奖惩规定》《国网河南省电力公司供电服务“零容忍”考核实施意见》，对相关责任人处理如下：

（1）对主要责任人经济处罚3000元，通报批评，待岗1年。

（2）对次要责任人经济处罚2000元，通报批评，待岗2个月，取消年度评先晋升资格。

（3）对责任班组负责人经济处罚2000元，通报批评，待岗1个月，取消班组年度评先资格。

（4）对责任部门分管负责人经济处罚1000元，通报批评。

（5）对责任部门负责人经济处罚1000元，通报批评。

（6）对责任单位分管负责人经济处罚1000元，通报批评。

规避投诉要点

（1）工作人员应掌握与客户沟通的技巧，规范服务话语，确保有效沟通。

（2）供电公司日常应加强培训工作，采取各种灵活的培训方式，确保培训效果，使员工提高服务风险意识，做好日常工作的同时，合理规避服务风险。

第二节　优质服务案例

案例1　心系山区群众，送电助力脱贫

案例提要

供电公司面对山路崎岖、地势复杂的情况，克服重重苦难，半天时间内即完成农家院用电的申请和报装用电，解决省级贫困村群众正常生活生产和农家院项目用电问题。

服务过程

为彻底解决该村群众的吃水难题和经济贫困的局面，河南省级贫困村申请 120kW 供该村新打机井和开发农家院项目用电。项目距离该村原有供电线路远，公用变压器容量小。供电公司从知道客户诉求便提前介入，组织精兵强将投入战斗，从勘查、设计到安装，在短短 2 天时间将所有供电线路升级为高低压同杆架设线路，更换 15m 线杆 5 根，将原有 200kVA 变压器增容为 400kVA 变压器并移位至线路最佳位置。与此同时，客户经理带着线、材等物资赶到项目地，进行现场收资、现场勘查、现场确定供电方案并施工、装表送电，半天时间内即完成该项目用电的申请和报装用电。

取得效果

供电公司为了让贫困县能早日走上脱贫致富之路，提前介入改造升级公用供电设施，将客户投资降到最低成本，并将“配网改造项目”和“申请受理、供电方案答复、装表接电”等多步合一，减少客户办电时间，得到村民及村两委高度赞扬。

案例点评

该供电公司践行“人民电业为人民”的企业宗旨，持续提升客户办电的便利性、满意度和获得感，严格执行《国家电网有限公司关于印发持续优化营商环境提升供电服务水平两年行动计划的通知》(国家电网办〔2018〕1028 号）及《国家电网有限公司持续优化营商环境提升供电服务水平两年行动计划》的要求，将低压接入的标准提高到 160kVA，并为客户提供省力、省时、省钱的“三省”服务，实现了低压客户零上门、零审批、零投资“三零”服务，实行办电环节并行制，接电时间压至最短，供电公司投资建设到客户红线，既减少了客户投资，同时也保障了山区客户的供电可靠性。

案例 2 服务客户多维度，实实在在解难题

案例提要

供电公司优化营商环境，提供多维度服务，用实实在在、优质高效的服务，帮助客户缓解了压力、解决了难题。

服务过程

某新能源科技公司主要对新能源汽车充电桩进行规划、布局、安装和运营，建设充电站的用地为租用地。依据供电方案需要在项目地块内新建一座配电室。新建配电室需要规划部门审批，这无疑会延长客户工程时间、加大客户投资成本，直接影响了汽车充电桩的建设和广大电动汽车车主的充电需求。供电公司了解这一情况后，立即组织协同部门共同讨论，最终确定将原方案约定“新建配电室”变更为“建设箱式变电站”。这一调整，为客户节约占地 30 多平方米，不用申请规划审批缩短施工周期，降低客户的建设成本。

取得效果

供电公司通过优质高效的服务，帮助客户解决难题，缓解成本压力，使其快速赢得市场，最终惠及百姓。让企业客户切身体会到供电公司在优化营商环境工作中为其带来的好处和便利。

案例点评

降低企业成本是优化营商环境的重要内容。该供电公司针对客户难题，快速响应，为客户减少行政审批，缩短办电时间，降低用电成本。全面落地优化营商环境要求，为客户提供更可靠、更安全、更增值的供电服务。

案例 3　人民电业为人民，延伸服务暖寒冬

案例提要

供电公司积极与铁塔公司沟通，解决小区信号差问题。数九寒冬里，再也看不到居民们聚在院子里打电话了。

服务过程

供电公司客户经理白某注意到某小区数九寒冬里，居民们都聚在院子里背风处打电话，这也算是小区独特的“一景”了。

白某通过物业了解到该区域附近的移动基站建成后一直没申请用电，铁塔公司与原提供电源单位有纠纷，被停电导致没有信号。白某主动与铁塔公司沟通，提供合理建议，协助其申请基站用电；同时白某又协调供电公司内部，仅 2 天就为基站送上了电。

取得效果

该供电公司员工白某本着“人民电业为人民”的企业宗旨，不仅解决好客户的用电问题，还急客户之所急，想客户之所想，帮助用电客户解决棘手的事情，获得客户的极度赞誉。

案例点评

该供电公司员工的言行代表了企业的形象。针对客户遇到的各类困难，供电公司员工能急客户所急，延伸服务解决客户难题。与此同时，基站信号的恢复也能保证小区一户一表能正常抄通，保证电能表抄通率。该员工坚定履行社会职责及实施优质服务的信心和决心，在更广的维度上塑造供电企业优质服务的品牌形象和以人为本的企业文化。

案例4 推行线上办电，坐享指尖服务

案例提要

供电公司针对客户反映的难点、痛点、堵点，“减环节、减时限、减成本”，大力推行线上办电，减少客户往返营业厅次数，提升客户“电力获得感”。

服务过程

2020年6月9日12：12，乔先生在网上申请了低压居民用电报装。12：15乔先生便接到供电公司工作人员电话，约定现场服务时间为当日16：30。供电公司工作人员提前赶到现场，核实乔先生办电资料齐备且具备直接装表条件，确定了供电电源后，于当天19：50完成装表接电工作。客户从申请到用上电仅用了不到八个小时。压环节、减时限，让客户用电省心又放心。

取得效果

“省力、省时、省钱”是客户的高度评价和称赞，道出供电公司深化“放管服”改革、优化电力营商环境采取的新举措，带来的新风气，产生的新效果。

案例点评

该供电公司为方便客户全面推行“互联网＋”营销服务，减少客户往返营业厅次数。压减业务流程，具备直接装表条件现场直接装表，大大缩短接电时长；同时缩减客户投资范围，延伸电网投资界面，实行低压用电客户零成本接入。严格执行价格政策，除政府规定供电服务收费项目外，坚决取缔各项服务费，实现客户办电“零费用”，让客户获得感实实在在。

第二章
电能计量类案例

第一节　典型案例

案例 1　接线错误未发现，追补电量惹麻烦

事件经过

客户来电反映，供电公司更换智能电能表时，电能表接线错误，导致一直未产生抄表电量。现工作人员向客户收取超过 4000kW·h 电费，客户对此不认可。

调查结果

客户反映情况属实。由于工作人员失误，在对电能表进行更换时接错线，导致客户表计正向电量为 0，反向电量将近 5000kW·h；又因日常管理工作不到位，未及时发现客户电量异常。现已向客户解释道歉并更正错误接线，沟通协商后，客户对表计反向电量表示认可。

违规条款

（1）违反《电能计量装置技术管理规程》7.6.3：“电能计量装置投运前应进行全面的验收，对电能表接线正确性进行检查。”

（2）违反《国家电网有限公司电费抄核收管理办法》第三章第三十一条第一款：“新接电力客户应在两个抄表周期内进行现场核对抄表，发现数据异常，立即处理。”

暴露问题

（1）工作人员责任心不强，服务意识差，工作技能欠缺，未能及时发现电能表接错线的问题。

（2）工作流程缺乏有效地监管环节，对员工错接线的行为未

能及时发现，对抄表数据的异常未能及时核查。

考核处理

根据《国家电网公司供电服务奖惩规定》，对相关责任人做出以下考核处理：

（1）对主要责任人经济处罚1000元，并通报批评。

（2）对次要责任人经济处罚500元，并通报批评。

规避投诉要点

加大对工作人员的培训教育，提高员工的优质服务意识及服务水平，提升业务技能，加强工作责任心，避免因工作过错造成的投诉事件。

案例2 电表数据有异常，超时答复引投诉

事件经过

某公司客户向台区经理反映自己家中电能表走得太快，怀疑表计失准，希望工作人员前来检查。由于工作人员迟迟没有给客户答复，引发客户投诉。

调查结果

客户反映情况属实。工作人员朱某于2020年6月16日接到客户李某的电话，反映家中电能表数据异常，当即答复会在2个工作日内前去检查。2020年6月22日，朱某仍未进行核实，客户再次致电询问，朱某告知客户最近家中有事，第二日会安排其他人进行检查。2020年6月29日，由于工作人员迟迟没有给客户表计进行检查和答复，客户拨打95598投诉。接到投诉后当天，工作人员已对客户现场表计进行检查，客户对处理结果表示满意。

违规条款

（1）违反《国家电网有限公司员工服务“十项承诺”》（修订版）第七条：“电能表异常快速响应。受理客户计费电能表校验申请后，5个工作日内出具检测结果。客户提出电能表数据异常后，5个工作日内核实并答复。”

（2）违反《国家电网有限公司供电服务“十个不准”》（修订版）第六条：“不准漠视客户合理用电诉求，推诿、搪塞、怠慢客户。”

暴露问题

（1）工作人员责任心不强，未严格执行供电服务“十项承诺”，答复客户超时限。

（2）工作人员服务意识淡薄，推诿、搪塞、怠慢客户，没有做到真心实意为客户着想。

考核处理

根据《国家电网公司供电服务奖惩规定》，对相关责任人做出以下考核处理：

（1）对主要责任人经济处罚1000元，并通报批评。

（2）对次要责任人经济处罚500元，并通报批评。

规避投诉要点

（1）对客户的每一个诉求要放在首要位置，及时与客户保持联系，从客户角度考虑问题。

（2）加强对客户经理的学习培训，重点学习员工服务“十项承诺”和供电服务“十个不准”。

案例3 串户处理不及时，客户不满引投诉

事件经过

客户来电反映，前期拨打95598报修后，工作人员现场检查告知其家庭表计线路与邻居家错接，但一直未处理。现因邻居家欠费，供电公司通知要对其停电，客户对此表示不满。

调查结果

客户反映情况属实。该地区户表改造时客户表计线路与邻居家错接，客户拨打95598报修后抢修人员到现场检查发现串户问题，但未及时联系相关部门进行处理，引发投诉。现已对客户表计错误接线进行更正，并对错误电费完成退补，客户对处理结果表示满意。

违规条款

（1）违反《电能计量装置技术管理规程》7.6.3："电能计量装置投运前应进行全面验收，对电能表接线正确性进行检查。"

（2）违反《国家电网公司供电服务规范》第二章第八条第二款："建立客户服务应急处理机制，健全完善应急处理预案，持续提高服务事件应急处置能力。出现服务突发事件迅速启动紧急处理程序，快速妥善处理，维护良好社会形象。"

暴露问题

（1）工程管理不到位，施工人员接线错误，台区管理人员未对工程进行交接验收。

（2）台区管理人员巡查不认真，巡查过程中未发现客户表计串户问题。

（3）抢修人员工作责任心不强，服务意识淡薄，发现问题后，未及时通知相关部门进行处理。

考核处理

根据《国家电网公司供电服务奖惩规定》，对相关责任人做出以下考核处理：

（1）对主要责任人经济处罚 1000 元，通报批评。

（2）对次要责任人经济处罚 500 元，通报批评。

规避投诉要点

（1）加强竣工验收管理，严格按照标准验收，确保计量装置安装质量及接线正确。

（2）严格履行台区管理人责任，增加巡视频次。

（3）加强抢修人员岗位培训，提升业务素质，对抢修过程中发生的各类问题及时整改或上报。

案例 4 换表流程不规范，电费异常引不满

事件经过

客户来电反映，供电公司计量人员在未通知客户的情况下，擅自更换电能表，导致电费异常，客户对此表示不满。

调查结果

客户反映情况属实。计量人员在对某化工厂计费表计进行轮换时，未事先通知其相关负责人到场签字确认表底示数，后期推送电能表装拆流程时，底数又录入错误，造成客户电费异常。现已完成客户电费退补，向客户解释并道歉，客户表示满意。

违规条款

（1）违反《国家电网公司供电服务质量标准》6.26：“高压客户计量装置轮换应提前预约，并在约定时间内到达现场。轮换后，应请客户核对表计底数，并签字确认。”

（2）违反《国家电网公司供电服务规范》第二章第四条第五款：“熟知本岗位的业务知识和相关技能，岗位操作规范、熟练，具有合格的专业技术水平。”

暴露问题

计量人员工作责任心不强，业务能力有待提高，未按规定执行电能表换装流程。

考核处理

根据《国家电网公司供电服务奖惩规定》，对相关责任人做出以下考核处理：

（1）对主要责任人经济处罚1000元，通报批评。

（2）对次要责任人经济处罚500元，通报批评。

规避投诉要点

严格执行换表相关规定，换表前提前与客户进行预约，换表后应及时请客户确认签字，加强环节监督，避免该类投诉。

案例5 换表停电未告知，影响用电意见大

事件经过

客户来电反映，供电公司更换小区电能表未提前通知，换表过程中影响自家正常用电，客户对此表示不满。

调查结果

客户反映情况属实。工作人员换表前未在客户所在小区和单元张贴告知书，造成换表过程中客户无法用电，在现场沟通过程中，客户情绪较为激动，引发投诉。现已向客户解释并致歉，客户对此表示满意。

违规条款

（1）违反《国家电网公司供电服务质量标准》6.27："低压客户电能表换装前，应在小区和单元张贴告知书，或在物业公司（村委会）备案；换装电能表前应对装在现场的原电能表进行底度拍照，拆回的电能表应在表库至少存放1个抄表或电费结算周期。"

（2）违反《国家电网公司供电服务规范》第二章第四条第五款："熟知本岗位的业务知识和相关技能，岗位操作规范、熟练，具有合格的专业技术水平。"

暴露问题

相关单位未在小区内做到公示公告，换表停电影响客户正常用电且工作人员服务意识不强，未真正使服务规范、工作标准和员工行为规范落到实处，缺乏应有的责任心，没有及时对客户进行安抚、解释，给公司造成了负面影响。

考核处理

根据《国家电网公司供电服务奖惩规定》，对相关责任人做出以下考核处理：

（1）对主要责任人经济处罚1000元，通报批评。

（2）对次要责任人经济处罚500元，通报批评。

规避投诉要点

加强工作人员服务意识，提高工作责任心，加强业务技能培训，应严格执行电能表装换相关规定。

案例 6 表箱破损未上锁，恶劣天气表烧毁

事件经过

客户来电反映，供电公司工作人员张某在给某街附近住户换表后未给电能表箱上锁且表箱陈旧破损，存在安全隐患。工作人员推诿、怠慢处理不及时，遇恶劣天气导致表计烧毁停电。

调查结果

客户反映情况属实。6 月 3 日，工作人员张某在给客户李女士更换完电能表后，忘记上锁便离开现场。李女士致电张某，告知其未上锁，同时反映表箱陈旧破损，存在安全隐患，希望能及时更换，张某回复等工作不忙时前来处理。6 月 9 日和 6 月 14 日，李女士又两次致电张某希望尽快处理解决。张某以“目前供电所无表箱，等表箱到货后再更换”等理由推诿、搪塞。6 月 19 日，该县遭遇大风暴雨恶劣天气，导致表箱漏水严重，从而引发烧表、跳闸停电，客户不满引发投诉。现已对烧毁表计和破损表箱进行更换，并向客户致歉，客户对此表示满意。

违规条款

（1）违反《国家电网公司计量工作管理规定》第四章第十二条第一款：“加强对计量器且配置、型式、准确度等级方面审查，杜绝配置不合格检定（不合格）计量装置投运。”

（2）违反《国家电网公司供电服务规范》第二章第四条第二款：“真心实意为客户着想，尽量满足客户的合理要求。对客户的咨询、投诉等不推诿、不拒绝、不搪塞，及时、耐心、准确地给予解答。”

暴露问题

（1）工作人员责任心不强，客户多次反映表箱问题，未及时处置。

（2）工作人员未对更换表箱进行验收、未进行日常巡视、缺陷管理不到位。未采取有效措施处理安全隐患，最终造成表计损坏，引发投诉。

考核处理

根据《国家电网公司供电服务奖惩规定》，对相关责任人做出以下考核处理：

（1）对主要责任人经济处罚1000元，通报批评。

（2）对次要责任人经济处罚500元，通报批评。

规避投诉要点

工作人员应严格执行计量装置管理规定，同时站在客户的角度思考，少一些麻痹大意，多从客户利益出发，把客户的安全用电放在首位。

第二节　优质服务案例

案例1　及时检查消顾虑，优质服务获赞扬

案例提要

客户反映电费异常，计量人员及时上门提供优质服务，获得客户赞扬。

服务过程

客户刘某来电反映，近两月自家电费较多，怀疑表计异常，希望供电公司人员进行现场核查。工作人员王某、李某接到诉求后立即与客户取得联系，于当日上门，并在客户陪同下对其表计进行检查，经核查确认表计运行正常、接线正确后，工作人员王某、李某告知客户刘某检查结果无异常，客户刘某情绪较为激动，对表计检查结果不认可，认定电费增多是因为电能表故障，要求校验电能表。工作人员首先对客户进行情绪安抚，在沟通过程中向客户询问家中近期用电情况，通过耐心交流得知客户家中两个月前购买了一台电热水器。在征得客户刘某同意后，工作人员查看了热水器运行情况，发现热水器设置为恒温加热模式，处于24小时运行状态，所以用电量较大，导致客户电费增多。工作人员随即向客户进行了说明，建议客户将热水器调整为定时加热模式，并向客户介绍了家庭日常安全用电注意事项，同时告知客户，可先按上述操作，若电费仍然偏高，可随时与其联系，工作人员将及时安排客户表计校验。客户对工作人员的解释十分满意，对工作人员热情周到的服务表示赞扬。

取得效果

工作人员工作责任心强，对客户诉求处理及时，服务细心周

到，善于与客户沟通，消除客户疑虑，赢得了客户的认可，获得客户的好评，树立了“人民电业为人民”的企业良好形象。

案例点评

随着生活水平的不断改善，人们越来越重视生活的质量，由原来的要求用上电上升到现在的用好电，这就要求供电企业要不断提高员工的服务意识，提供优质服务。供电公司员工的一言一行代表着企业形象，及时为客户排忧解难不仅是员工工作责任心的体现，更是塑造供电企业品牌形象的过程。

案例2 线损管理查隐患，主动出击消故障

案例提要

线损管理过程中发现客户电量异常，供电公司员工主动服务排查隐患，为客户解决用电安全隐患。

服务过程

某公司配电网管理部线损专责李某在对某高损台区进行分析时，发现该台区往日线损一直维持在4%左右，最近几日突增到11%且一直居高不下。面对线损的突增，敏锐的李某觉得事情一定没有那么简单。凭借着熟练的业务和专业的嗅觉，他把关注点放在了该台区下5个大用电量的专用变压器用户。通过对这几户日线损的反复对比，某铁合金厂的日电量突降引起了工作人员的注意，李某及时将情况反映给了该辖区供电部的客户经理王某。

王某通过查看、分析用电信息采集系统里该户的电压、电流曲线数据，发现电能表A相电压失压降至60V，C相电压完全失压，初步判断为计量故障。王某第一时间联合台区电工和计量专业人员赶赴现场。计量人员经过测量，确认表计电压失压存在异常。又透过计量柜的观察窗，可明显观察到C相电压互感器的一次端子螺钉发热发红，经测温仪显示高达100℃。王某立刻联系客户进行停电处理并做进一步检查。待柜门打开后，工作人员发现C相电压互感器的绝缘外壳已经裂开，一次连接的铜排已经变形，同时柜内有互感器泄漏的黑色油渍。计量人员向在场的人员解释道，还好发现的及时并且果断停电，如果再“带病”运行，互感器极有可能发生爆炸的危险，不仅会危害客户的电力设备，更有可能对人身造成极大的伤害。

该厂厂长程某听后，对供电公司员工主动发现异常、及时排

查隐患表示了由衷的感谢。客户经理王某当即联系了施工人员，制订了详细的故障处理方案，指导客户及时对故障互感器和受损铜排进行了更换和维修，各项工作顺利完成后，当天晚上就恢复了送电。

取得效果

供电公司员工在线损管理工作中及时发现了客户的计量异常，主动帮助、指导客户处理故障，不仅使线损指标得到了提升，及时遏制了供电量的流失、漏计，还第一时间帮助客户消除了用电安全隐患，赢得了客户的肯定和赞誉。

案例点评

从线损分析管理到为客户解决故障，该事件充分展现了供电公司内部的快速协调响应和主动服务意识。多部门的沟通、协作，跨专业的联动、配合，积极帮助客户消除用电安全隐患，每一个环节都体现出了供电公司的社会责任和优质服务形象。

第三章
电价电费类案例

第一节　典型案例

案例 1　承诺退补未兑现，引发不满遭投诉

事件经过

3 月 16 日，经客户反映，工作人员在 2 月时承诺将因接线错误导致客户产生的电费在 3 月 6 日退至客户账户中，但至今仍未处理。

调查结果

经调查，客户反映情况确实存在，因工作人员工作失误，表计调换接线错误，导致客户产生 853.37 元电费，承诺 3 月 6 日退补，但一直未兑现，引发投诉。

违规条款

（1）违反《国家电网有限公司员工服务行为“十个不准”》（修订版）第六条：“不准漠视客户合理用电诉求，推诿、搪塞、怠慢客户。”

（2）违反《国家电网公司供电服务规范》第二章第四条第二款：“真心实意为客户着想，尽量满足客户的合理要求。对客户的咨询、投诉等不推诿、不拒绝、不搪塞，及时、耐心、准确地给予解答。”

暴露问题

工作人员责任心不强，服务意识淡薄，在承诺客户退补时限后未按照承诺时限处理，未能对客户反映的问题做到及时、有效、准确处理，引发投诉。

考核处理

根据《国家电网公司供电服务奖惩规定》对相关责任人做出以下考核：

（1）对主要责任人通报批评，经济处罚 1500 元。

（2）对次要责任人通报批评，经济处罚 1000 元。

规避投诉要点

加强工作人员的日常监管工作，对电费异常的客户要及时核对、修改，制订具体操作流程，避免投诉。

案例 2 复电要求遭推诿，客户沟通应耐心

事件经过

客户反映家中欠费停电，结清欠费后致电客户经理要求复电，客户经理告知："我不认识你小区，你这里不归我管，你拨打其他号码"，但客户明确表示接收到的复电提醒短信联系电话是该客户经理的且之前该工作人员确实是负责其所在地用电业务。

调查结果

经调查，客户反映情况属实。由于客户所在小区费控责任人调整后，系统未及时维护，导致客户无法及时联系到片区经理，未能及时复电。客户反映之前所在地用电业务，就是联系电话的经理处理的，实际情况是该客户经理只是帮忙，但现在不愿意再继续帮忙，便告知客户"我不认识你小区你这里不归我管"，态度恶劣、冷淡，引发投诉。

违规条款

（1）违反《国家电网有限公司员工服务"十个不准"》（修订版）第六条："不准漠视客户合理用电诉求，推诿、搪塞、怠慢客户"。

（2）违反《国家电网公司供电服务规范》第二章第四条第二款："真心实意为客户着想，尽量满足客户的合理要求。对客户的咨询、投诉等不推诿、不拒绝、不搪塞，及时、耐心、准确地给予解答。"

暴露问题

工作人员责任心不强，服务风险意识不强，未按规定及时、有效告知客户变更信息，影响客户用电体验。

考核处理

根据《国家电网公司供电服务奖惩规定》处理决定如下：

（1）对主要责任人经济处罚 500 元，通报批评。

（2）对次要责任人经济处罚 300 元，通报批评。

规避投诉要点

（1）加强工作人员责任意识，提升服务，端正态度，严格落实“首问责任制”，杜绝类似情况的发生。

（2）加强管理，切实提升客户经理主人翁意识，面对客户应耐心、细心，把问题落实，解决在基层。

案例3　粗心漏抄并销户，追缴电费引投诉

事件经过

10 月 26 日，客户来电反映，家中一直正常用电，10 月 25 日被管片电工告知电能表有问题，不走电量，客户要求电工核实具体情况，电工告知无法核实，并要求客户缴纳 4000 多元电费，经系统查询该户号已销户，但客户表示没办理销户，引发不满并投诉。

调查结果

经调查，客户反映情况属实。工作人员李某在 2019 年 8 月统一核查电表时，发现客户无电量产生，未能进一步核实直接将客户销户（此时电能表并未拆除，客户仍正常用电，只是系统查询不到客户信息）。2019 年 10 月 25 日，工作人员到客户家中核实，发现客户正常用电，但一直没缴纳电费，25 日客户电能表底数是 9594，销户时系统显示表底数是 2131，按照其执行电价 0.6125 元/kW·h 计算，客户应承担 4571.09 元，现已向客户解释清楚，并为客户重新走新装流程，客户现已表示满意。

违规条款

（1）违反《国家电网公司供电服务规范》第二章第四条第五款："熟知本岗位的业务知识和相关技能，岗位操作规范、熟练，具有合格的专业技术水平。"

（2）违反《国家电网有限公司电费抄核收管理办法》第三章第三十一条第二款："应重点针对连续三个抄表周期的零度通过远程召测分析，对于分析异常的应及时消缺处理，无法确认的异常应到现场核实后处理。"

暴露问题

工作人员责任意识不强，业务技能欠缺，在用电客户电量异常变化时未能引起重视，未严格按照业务流程规定为客户开展日常工作。

考核处理

根据《国网河南省电力公司供电服务“零容忍”考核实施意见》，对相关责任人做出以下考核处理：

（1）对主要负责人经济处罚3000元，取消年度评先晋升资格。

（2）对责任班组长经济处罚2000元，同时取消部门、班组年度评先资格，对个人取消年度评先资格。

规避投诉要点

应加强岗位业务知识和业务技能管理，加强员工技能培训，提升工作责任心，严格按规定的抄表周期和抄表例日准确抄录客户用电计量装置记录的数据，严禁违章抄表作业，不得估抄、漏抄、代抄。

案例4 代收电费不规范，客户不满意投诉

事件经过

7月2日客户来电反映，4月底向电工交纳电费1500元，经系统未查询到此笔电费且电工未提供电费收据。

调查结果

经调查，客户反映情况属实。工作人员为用电客户结清月度（3～6月）电费共计953.2元，剩余546.8元未及时预存至客户账户，存在私自截留电费且未提供电费收据。现该工作人员已将剩余电费、3～6月电费收据交给客户。回访客户，客户满意。

违规条款

（1）违反《国家电网公司供电服务规范》第二章第四条第五款："熟知本岗位的业务知识和相关技能，岗位操作规范、熟练，具有合格的专业技术水平。"

（2）违反《国家电网有限公司电费抄核收管理办法》第五章第五十二条："应逐步取消走收。确因地区偏远等原因造成电力客户交费困难的，可使用手持终端上门收费。现场收费时，收费人员应执行现场服务规范，出示工作证件，注意做好人身及资金安全工作，必要时两人前往。收取电力客户电费时，应注意核对电力客户信息，避免错交电费，收费时立即通过手持终端销账并打印票据给电力客户。"

暴露问题

（1）工作人员责任意识不强，工作疏忽大意，对于客户的缴费信息未做到准确核对，导致工作失误。

（2）工作人员服务不规范，未能及时、准确将客户缴费信息录入系统，造成负面影响。

考核处理

该供电公司根据《国网河南省供电公司供电服务“零容忍”考核实施意见》，对责任人做出以下考核处理：

（1）对主要责任人通报批评，经济处罚3000元。

（2）对次要责任人通报批评，经济处罚2000元。

规避投诉要点

（1）应加强岗位业务知识和业务技能管理，加强员工技能培训，提升工作责任心。

（2）定期组织开展培训，加强人员责任心，规范服务行为，严格执行公司电费收取相关制度，提升客户满意度。

案例 5 电费销账不及时，又垫电费惹投诉

事件经过

10 月 25 日，某公司客户投诉，在 10 月 18 日交纳 500 元电费，10 月 22 日工作人员再次向其家人收取 75 元电费且系统查询该笔电费未入账，客户不满引投诉。

调查结果

客户反映情况属实。因客户长期不在家，工作人员与其联系不上且每月需进行电费结零，10 月 15 日工作人员为其垫付单相和三相两块电能表 10 月份所欠电费 128 元，18 日客户通过银行交纳 500 元电费，工作人员并不知情，于 22 日向其家人催收其垫付电费 128 元，客户看错电费票据，误认为工作人员向其家人收取 75 元电费。因工作人员业务处理不当，未向客户解释清楚导致投诉，现将问题解释清楚，取得客户认可，客户已结清电费，对处理结果表示满意。

违规条款

（1）违反《国家电网公司供电服务规范》第二章第四条第五款："熟知本岗位的业务知识和相关技能，岗位操作规范、熟练，具有合格的专业技术水平。"

（2）违反《国家电网公司供电服务规范》第二章第四条第二款："真心实意为客户着想，尽量满足客户的合理要求。对客户的咨询、投诉等不推诿、不拒绝、不搪塞，及时、耐心、准确地给予解答。"

暴露问题

工作人员责任心不强，工作疏忽大意，未把情况向客户做出

具体详细解释，未切实履行“首问负责制”，日常工作管理存在疏漏，对员工服务行为监督不力。

考核处理

根据《国家电网公司供电服务奖惩规定》对相关责任人做出以下考核：

（1）对主要责任人通报批评，经济处罚1500元。

（2）对次要责任人通报批评，经济处罚1000元。

规避投诉要点

健全“首问负责制”机制，制订首问负责制工作记录本，要求各营业厅、供电所、供电服务指挥中心人员及时记录客户诉求，及时转办、处理、回访，设专人负责首问负责制工作完成情况，并纳入公司行风服务稽查工作范围。有效监督工作人员服务水平，提高营业厅等窗口单位服务形象。

案例6　上门服务代缴费，适得其反惹不满

事件经过

2020年4月6日，某公司客户投诉，3月15日客户向某电工交纳电费200元，但经系统查询此笔电费未到账；同时客户表示收费也没有给收据，引发不满投诉。

调查结果

经调查，客户反映情况属实。因电工上门催缴电费时，该客户家人不会使用网上缴费，就给电工200元，让其代缴电费。由于电工忘记给其缴费，造成系统查询此笔电费未到账，也未给客户出具收据。经系统查询3月15日到账的200元是客户自行缴纳的，现已将200元电费退还给客户，工作人员上门道歉，取得客户谅解。

违规条款

（1）违反《国家电网有限公司电费抄核收管理办法》第五章第五十二条："应逐步取消走收。确因地区偏远等原因造成电力客户交费困难的，可使用手持终端上门收费。现场收费时，收费人员应执行现场服务规范，出示工作证件，注意做好人身及资金安全工作，必要时两人前往。收取电力客户电费时，应注意核对电力客户信息，避免错交电费，收费时立即通过手持终端销账并打印票据给电力客户。"

（2）违反《国家电网公司供电服务规范》第二章第四条第五款："熟知本岗位的业务知识和相关技能，岗位操作规范、熟练，具有合格的专业技术水平。"

暴露问题

工作人员责任意识不强，服务不规范，未能及时、准确地将客户缴费信息录入系统进行销账并打印票据给电力客户，造成负面影响。

考核处理

该供电公司根据《国网河南省电力公司供电服务“零容忍”考核实施意见》，对相关责任人做出以下考核处理：

（1）对主要责任人通报批评，经济处罚3000元。

（2）对次要责任人通报批评，经济处罚2000元。

（3）对责任部门负责人通报批评，经济处罚1000元；

规避投诉要点

（1）收费时应核对户号、户名、地址等信息，告知电力客户电费金额及收费明细，避免错收，收费后应主动向电力客户提供收费票据。

（2）加强业务培训，规范服务行为，提高责任心，严格执行公司电费收取相关制度，提升客户满意度。

案例 7 光伏补贴未显示，客户不满惹投诉

事件经过

12 月 31 日，客户投诉 2018 年 5 月个人光伏发电并网后，已经发电 4 万多千瓦时，但上网电费一直未结算，工作人员告知电量未上网也没告知原因，客户表示不认可，引发投诉。

调查结果

客户反映情况不属实。因客户一直在外地工作，银行卡绑定的是客户儿子的手机号，客户未与家人沟通便拨打电话询问此事。工作人员告知客户电量未上网，是因当时营销系统升级无法正常显示，光伏补贴电费已发放完毕，现将问题解释清楚，客户表示满意。

违规条款

（1）违反《国家电网公司供电服务规范》第二章第四条第五款："熟知本岗位的业务知识和相关技能，岗位操作规范、熟练，具有合格的专业技术水平。"

（2）违反《国家电网公司供电服务规范》第二章第四条第二款："真心实意为客户着想，尽量满足客户的合理要求。对客户的咨询、投诉等不推诿、不拒绝、不搪塞，及时、耐心、准确地给予解答。"

暴露问题

工作人员责任心不强，主动服务意识淡薄，在营销系统升级无法正常显示时，工作人员应建议客户晚些再进行查询，或等升级完毕后，主动联系客户查询，提高客户感知，提升优质服务质

量水平。

考核处理

根据《国家电网公司供电服务奖惩规定》处理决定如下：

（1）对主要责任人经济处罚 500 元，通报批评。

（2）对次要责任人经济处罚 300 元，通报批评。

规避投诉要点

（1）应加强岗位业务知识和业务技能管理，加强员工技能培训，提升工作责任心。

（2）定期组织开展培训，加强人员责任心，规范服务行为，制订分布式电源补贴发放管理及监管制度，严格执行公司电费收取相关制度，提升客户满意度。

案例 8 电量突增遭质疑，核查不力惹投诉

事件经过

客户反映电量和电费过高，地市回复：该户在 4 月 26 日轮换表计，经核实抄表数据准确，已将处理结果告知客户，如客户有异议，建议到营业厅办理校表手续，之后客户再次拨打 95598，工作人员推诿，导致客户不满投诉。

调查结果

客户反映情况属实。经调查，工作人员并未去现场核实表计，是电费发行后，客户对电费有疑问，拨打 95598 进行咨询，工作人员接到单子后与客户联系，向其解释电费时，缺乏沟通技巧且态度不好，给客户造成不良感知引发升级投诉。客户电费过高的原因为在表计轮换走票时，误将抄表示数 15434.74 录入成 15710，该户倍率为 15，故 5 月份突增异常电量 4129kW·h，现已将多算电费 2343.3 元退至客户电费账户，并安排专人与客户沟通，已取得客户谅解。

违规条款

（1）违反《国家电网公司供电服务规范》第二章第四条第五款：“熟知本岗位的业务知识和相关技能，岗位操作规范、熟练，具有合格的专业技术水平。”

（2）违反《国家电网有限公司电费抄核收管理办法》第四章第三十四条第一款：“对新装电力客户、变更电力客户、电能计量装置参数变化的电力客户，其业务流程处理完毕后的首次电量电费计算（或试算），高压应逐户审核，低压应抽取典型电力客户。”

暴露问题

（1）工作人员责任意识不强，业务技能欠缺，在用电客户电量异常变化时未能引起重视，未严格按照业务流程规定为客户开展日常工作。

（2）工作人员处理客户问题时未能耐心解决，并在客户提出质疑时，仍未及时纠正错误，怠慢客户，引发投诉。

考核处理

根据《国家电网公司供电服务奖惩规定》处理决定如下：

（1）对主要责任人经济处罚 2000 元，通报批评。

（2）对责任班组长经济处罚 1000 元，通报批评。

规避投诉要点

应加强岗位业务知识和业务技能管理，加强员工技能培训，提升工作责任心，对轮换户表工作要增加有效监督管控措施，制订具体操作流程，避免投诉。

案例 9 电价错误需追补，解释不力引投诉

事件经过

某公司在自查过程中发现某户在业扩变更流程中误选择优惠电价，工作人员经核实需追补客户差额电费共计 150 余元，联系客户后，客户表示每月按照电费清单缴纳电费，不认可无故多出的电费，并拨打 95598 投诉。

调查结果

客户反映情况属实。经调查，工作人员在流程中录入营销系统时未再次核对确认，造成客户档案电价错误，现已责令工作人员向客户致歉，向客户解释原因，已取得客户谅解并补交差额电费。

违规条款

（1）违反《国家电网公司供电服务规范》第二章第四条第五款：“熟知本岗位的业务知识和相关技能，岗位操作规范、熟练，具有合格的专业技术水平。”

（2）违反《国家电网有限公司电费抄核收管理办法》第四章第三十四条第一款：“对新装电力客户、变更电力客户、电能计量装置参数变化的电力客户，其业务流程处理完毕后的首次电量电费计算（或试算），高压应逐户审核，低压应抽取典型电力客户。”

暴露问题

工作人员责任心不强，改类时未核对用户的电价执行是否正确，客户提出质疑时，未耐心、诚恳地向客户表示歉意取得客户谅解，怠慢客户，引发投诉。

考核处理

根据《国家电网公司供电服务奖惩规定》处理决定如下：

（1）对主要责任人经济处罚1000元，通报批评。

（2）对次要责任人经济处罚500元，通报批评。

规避投诉要点

加强工作人员的日常监管工作，按照客户用电类别严格执行相应的电价标准，对电价异常的客户要及时核对、修改，制订具体操作流程，增加有效的监督管控环节。

案例 10 旧户陈欠今催收，新户误会惹投诉

事件经过

4 月 6 日，客户投诉，工作人员告知客户前期有陈欠电费未结清，该房子是客户新买的，对于前期陈欠电费不认可，引发投诉。

调查结果

经调查，客户反映情况属实。近期该户房产变更，但未告知供电公司，客户经理并不知道户主已更换。之前该户欠费，经多次催费无果。4 月 6 日因客户经理在对同表箱的另一客户故障进行用电检修时，因误操作导致客户短暂停电，正好该户家中正在装修，工作人员与新户主联系告知其有陈欠电费，客户误以为是催费停电引发投诉，现已解释清楚，客户表示满意。

违规条款

违反《国家电网公司供电服务规范》第二章第四条第五款："熟知本岗位的业务知识和相关技能，岗位操作规范、熟练，具有合格的专业技术水平。"

暴露问题

工作人员服务不规范，未能向客户耐心解释，争取客户理解，做到有理有节造成负面影响。

考核处理

该供电公司根据《国家电网公司供电服务奖惩规定》，对相关责任人做出以下考核：

（1）对主要责任人通报批评，经济处罚 1000 元。

（2）对次要责任人通报批评，经济处罚 500 元。

规避投诉要点

应加强岗位业务知识和业务技能管理，加强员工技能培训，提升工作责任心，催收电费前应认真核对户号、户名、地址等信息，告知客户电费金额及收费明细，避免引起电费纠纷。

案例 11　助人消缺本意好，蛮横催费难如愿

事件经过

2020 年 4 月 12 日 20：51，某公司客户报修一户无电。地市回复：经核实属于居民客户内部故障，已于 4 月 12 日 22：00 恢复送电。22：10 分客户再次来电投诉，工作人员与其联系告其欠费，并称不结清电费就不送电，存在强迫客户缴费的情况。客户对未接到任何通知被停电不认可，引发投诉。

调查结果

经调查，客户反映情况属实。在接到客户报修后，工作人员立即赶赴现场，经核查，客户家中停电原因为家中内部故障，已告知客户家人并协助客户家人进行故障消除恢复供电。随后工作人员告知客户家人 2019 年 10、11 月存在用电未及时交费，希望尽早结清欠费。客户家人对此产生异议，致电客户与客户核实此情况。随后客户与工作人员在电话中沟通欠费问题，两人发生争执，客户不满便拨打 95598 进行投诉。现已向客户解释清楚，客户表示理解，现已结清电费。

违规条款

（1）违反《国家电网公司供电服务规范》第二章第四条第二款："真心实意为客户着想，尽量满足客户的合理要求。对客户的咨询、投诉等不推诿、不拒绝、不搪塞，及时、耐心、准确地给予解答。"

（2）违反《国家电网公司供电服务规范》第二章第四条第五款："熟知本岗位的业务知识和相关技能，岗位操作规范、熟练，具有合格的专业技术水平。"

暴露问题

（1）工作人员责任心不强，客户提出质疑时，未耐心、诚恳地向客户表示歉意取得客户谅解，怠慢客户，引发投诉。

（2）服务风险意识淡薄，未按规定礼貌谦和耐心地和客户沟通，造成投诉升级。

考核处理

根据《国家电网公司供电服务奖惩规定》处理决定如下：

（1）对主要责任人经济处罚2000元，通报批评。

（2）对责任班组长经济处罚1000元，通报批评。

规避投诉要点

（1）应加强岗位业务知识和业务技能管理，加强员工技能培训，提升工作责任心。

（2）定期组织开展培训，加强人员责任心，规范服务行为，严格执行公司优质服务相关制度，提升客户满意度。

案例12 光伏补贴不及时，引发12398投诉

事件经过

10月31日，客户反映2019年5月并网的扶贫光伏发电，按照合同要求，上网电费和补贴应按月下发，但一直未下发，联系供电所一直推脱未处理，客户不满引投诉。

调查结果

客户反映情况属实，客户于2019年6月17号并网，9月初光伏费用未结算，经核查是用户系统档案错误，导致该用户的7、8、9三个月只有发电量，而没有上网电量，现已将客户系统档案纠正正确，并在10月30日将所有费用转到客户银行卡上。又因工作人员一直是与客户爱人联系此事，客户本人并不知情，未能进行彻底告知，造成客户未及时收到光伏费用而引发投诉，现将问题解释清楚，客户表示满意。

违规条款

（1）违反《国家电网公司供电服务规范》第二章第四条第五款："熟知本岗位的业务知识和相关技能，岗位操作规范、熟练，具有合格的专业技术水平。"

（2）违反《国家电网公司供电服务规范》第二章第四条第二款："真心实意为客户着想，尽量满足客户的合理要求。对客户的咨询、投诉等不推诿、不拒绝、不搪塞，及时、耐心、准确地给予解答。"

暴露问题

（1）营业厅人员对待工作未尽职尽责，未按工作要求服务客

户，服务意识淡薄。

（2）营业厅日常管理存在疏漏，对员工服务行为监督不力，给供电企业公平、诚信的形象造成不良影响。

考核处理

根据《国家电网公司供电服务奖惩规定》处理决定如下：

（1）对主要责任人经济处罚1000元，通报批评。

（2）对责任班组长经济处罚500元，通报批评。

规避投诉要点

（1）应加强岗位业务知识和业务技能管理，加强员工技能培训，提升工作责任心。

（2）定期组织开展培训，加强人员责任心，规范服务行为，制订分布式电源补贴发放管理及监管制度，严格执行公司电费收取相关制度，提升客户满意度。

案例13 行业认定遭质疑，回复核实需严谨

事件经过

2020年3月6日，某工商业客户反映自己属于铸造行业，按照行业分类不属于高耗能行业，对3月1日发行电费中未享受阶段性降价政策提出质疑，工作人员在回复过程中表示公司在行业类别认定中不存在问题，客户表示不满并投诉。

调查结果

经调查核实并请示发展与改革委员会相关部门，情况属实。该户属于铸造行业，确实属于非高耗能用户，根据相关电价政策，统一按原到户电价水平的95%结算，并退补客户电费共计1588元至客户电费账户。客户表示满意。

违规条款

违反《国家电网公司供电服务规范》第二章第四条第五款："熟知本岗位的业务知识和相关技能，岗位操作规范、熟练，具有合格的专业技术水平。"

暴露问题

工作人员责任意识不强，业务技能欠缺，对政策理解不到位，导致工作失误。

考核处理

根据《国家电网公司供电服务奖惩规定》对相关责任人做出以下考核：

（1）对主要责任人经济处罚2000元，通报批评。

（2）对次要责任人经济处罚1000元，通报批评。

规避投诉要点

（1）应加强岗位业务知识和业务技能管理，加强员工技能培训，提升工作责任心，做到有据可依，有依必行。

（2）对于国家新出台的优惠政策，超出自己专业范畴的，应及时上报并请示相关部门，凭借专业部门的专业知识给予客户合理解释。部门也应组织客户经理等相关人员的培训，及时、准确地掌握新技能、新知识，与时俱进。

案例 14 错发短信交错费，从中协调解纷纷

事件经过

客户来电反映，2 月 5 日收到催费通知短信，客户表示是客户的名字，但内容非客户订阅户号信息，存在错发情况，并导致 2 月 6 日错缴费 300 元，引发不满并投诉。

调查结果

客户反映情况属实，造成该情况的原因是：错发的户号以前是客户的房子，现在已经出售，现任房东并没有到营业厅办理更名过户手续或电话通知更改预留信息，造成客户收到错误催费短信，已联系到错发户号的户主，经协商该户主已将钱还给客户，客户表示理解。

违规条款

（1）违反《国家电网有限公司员工服务“十个不准”（修订版）》第六条：“不准漠视客户合理用电诉求、推诿、搪塞、怠慢客户”。

（2）违反《国家电网公司供电服务规范》第二章第四条第二款：“真心实意为客户着想，尽量满足客户的合理要求。对客户的咨询、投诉等不推诿、不拒绝、不搪塞，及时、耐心、准确地给予解答。”

暴露问题

智能抄核以及智能缴费等实施后，客户经理对现场的掌握情况不足，未及时督促客户办理相关变更手续。

考核处理

根据《国家电网公司供电服务奖惩规定》对相关责任人做出

以下考核：

（1）对主要责任人经济处罚1000元。

（2）对次要责任人经济处罚500元。

规避投诉要点

（1）应建立常态化机制，安排客户经理定期开展现场核查，了解客户是否存在用电类别变更、产权变更等。

（2）加强宣传使客户了解并可多渠道在供电公司办理相应变更手续，以便实时了解自己的用电情况，防止错缴费或停电。

案例 15　一心两用收错费，遭受处罚需警醒

事件经过

客户来电反映，12 月 27 日在某营业厅交纳电费 100 元，但实际工作人员给客户错误入账 50 元，开具的收据显示也是 50 元且无其他电费退补流程，客户不满引投诉。

调查结果

客户反映情况属实，造成该情况的原因是当天正值缴费高峰期，前一个缴费客户缴费 50 元，缴费后又一直询问营业厅工作人员其他问题，工作人员在解释之余给该客户缴费 50 元，客户误认为缴费金额 100 元，回家后发现实际缴费金额为 50 元，客户对此有疑义，致使客户不满，从而引发投诉。现已将 50 元现金归还到客户手中，并向客户道歉，客户表示理解。

违规条款

违反《国家电网公司供电服务规范》第二章第六条第五款："与客户交接钱物时，应唱收唱付，轻拿轻放，不抛不丢。"

暴露问题

营业厅人员在办理业务时不够专注，未能保证服务质量且之后进行解款对账时也未及时发现问题并予以处理，造成客户不良感知，引发投诉。

考核处理

根据《国家电网公司供电服务奖惩规定》，对相关责任人做出以下考核处理：

（1）对直接责任人予以经济处罚 1000 元，调整岗位。

（2）对次要责任人予以经济处罚 500 元，通报批评。

规避投诉要点

（1）营业厅工作人员尤其在嘈杂的环境中办理业务时更要专注，在未为上一位客户办结时应及时向下一位客户致歉请其稍候，避免一心二用导致错误。

（2）营业厅人员以及账务人员在事后的解款、二次销根时要认真核对金额，发现不一致及时查找原因并消缺，以免扩大影响造成不良后果。

案例16 表计飞走未发现，电量突增惹投诉

事件经过

客户来电反映，近期正常用电，但本月电量过高有疑问，工作人员告知抄表数据正常，需客户正常交纳电费，引客户不满投诉。

调查结果

经调查，客户反映情况属实。经调查核实，此户于2020年1月5日供电所运维人员通过用电采集系统发现其电量突增，数据状态为“电表飞走”，故障时间为2020年1月4日0时59分至2020年1月5日0时40分止。又因新冠肺炎疫情影响无法前往现场更换表计，为先保证客户正常用电，后于2020年3月10日疫情风险降低时进行更换，将立即退还客户本月多缴电费，并向客户解释清楚并道歉，客户表示满意。

违规条款

违反《国家电网公司供电服务规范》第二章第四条第五款：“熟知本岗位的业务知识和相关技能，岗位操作规范、熟练，具有合格的专业技术水平。”

暴露问题

（1）工作人员责任意识不强，工作疏忽大意，对于客户的诉求信息未做到准确核对，导致工作失误。

（2）提高服务敏感意识，加强与客户沟通，了解客户真正意图，避免此类投诉再次发生。

考核处理

该供电公司根据《国家电网公司供电服务奖惩规定》，对相关

责任人做出以下考核：

（1）对主要责任人通报批评，经济处罚1000元。

（2）对次要责任人通报批评，经济处罚500元。

规避投诉要点

应加强岗位业务知识和业务技能管理，加强员工技能培训，严格执行换表相关规定，换表前通知客户，更换电能表时及时进行表计合格的确认，并进行客户签字后留档，规避该类投诉。

案例 17　打印清单遭推诿，客户不满惹投诉

事件经过

客户来电反映，于当月 20 日到营业厅打印电费清单，因客户未能提供有效户号或具体地址信息，工作人员告知客户“无法打印清单”，服务存在推诿情况，客户表示不满。

调查结果

经调查，客户反映情况属实。该客户属于售电公司，受其签约客户委托至营业厅打印清单，因营业厅工作人员存在一定的敏感意识，非客户本人不予受理且对打印清单明细的操作不熟悉，未能主动上报领导，在业务办理中确实存在推诿情况，引发客户投诉。

违规条款

（1）违反《国家电网公司供电服务规范》第二章第四条第二款：“真心实意为客户着想，尽量满足客户的合理要求。对客户的咨询、投诉等不推诿、不拒绝、不搪塞，及时、耐心、准确地给予解答。”

（2）违反《国家电网公司供电服务规范》第二章第四条第五款：“熟知本岗位的业务知识和相关技能，岗位操作规范、熟练，具有合格的专业技术水平。”

暴露问题

（1）工作人员责任心不强，服务风险意识淡薄，未按规定礼貌、谦和、耐心地和客户沟通。

（2）营业厅工作人员未及时了解现行市场化交易形势，对售

电公司代理用户可查询用户信息等不了解。

考核处理

根据《国家电网公司供电服务奖惩规定》对相关责任人做出以下考核：

（1）对主要责任人经济处罚1000元。

（2）对次要责任人经济处罚500元。

规避投诉要点

（1）提高营业厅人员的服务意识，改进工作作风，提升服务质量。

（2）加强管理人员监督管理力度，提升营业厅窗口人员服务素质。加强营业厅人员的业务培训，对于新形势政策等及时宣贯至一线服务人员。

案例18 分时标志误选错，电费过高惹投诉

事件经过

2020年4月，某客户反映家里的电费平均电价达到0.59元/kW·h，比平时增多，客户表示疑义引发投诉。

调查结果

经调查，情况属实。客户3月申请执行居民分时电价，工作人员在录入系统时误将峰谷分时标志选为“否”，导致客户当月电量全部按高峰电价结算，引起客户投诉。

违规条款

违反《国家电网公司供电服务规范》第二章第四条第五款：“熟知本岗位的业务知识和相关技能，岗位操作规范、熟练，具有合格的专业技术水平。”

暴露问题

工作人员责任意识不强，业务不熟练，对于客户办理的业务不能准确选择办理方式，导致工作失误。

考核处理

根据《国家电网公司供电服务奖惩规定》对相关责任人做出以下考核：

（1）对主要责任人经济处罚1000元，通报批评。

（2）对次要责任人经济处罚500元，通报批评。

规避投诉要点

应加强岗位业务知识和业务技能管理，加强员工技能培训，提升工作责任心，严格按照工作流程处理日常工作。

案例19　销户电费不及时，客户不满惹投诉

事件经过

2020年6月6日，某居民客户投诉在结清电费后办理销户，又被告知还要再缴电费，引发不满并投诉。

调查结果

经调查，情况属实。该户执行的是居民阶梯电价，按照执行原则，以年为周期执行阶梯电价，其实际用电天数不足一年的，按照年分档电量标准除以12乘以实用月数计算分挡电量。该户正常用电时按照一挡电量2160kW·h、二挡电量960kW·h执行；6月申请销户时按照一挡电量1080kW·h、二挡电量480kW·h执行。因此需缴纳部分阶梯电费。经过耐心细致解释，客户表示接受并结清电费。

违规条款

（1）违反《国家电网公司供电服务规范》第二章第四条第二款："真心实意为客户着想，尽量满足客户的合理要求。对客户的咨询、投诉等不推诿、不拒绝、不搪塞，及时、耐心、准确地给予解答。"

（2）违反《国家电网公司供电服务规范》第二章第四条第五款："熟知本岗位的业务知识和相关技能，岗位操作规范、熟练，具有合格的专业技术水平。"

暴露问题

工作人员责任意识不强，业务技能欠缺，在用电客户电量异常变化时未能引起重视，未严格按照业务流程规定为客户开展日

常工作。

考核处理

根据《国家电网公司供电服务奖惩规定》对相关责任人做出以下考核：

（1）对主要责任人经济处罚1000元，通报批评。

（2）对次要责任人经济处罚500元，通报批评。

规避投诉要点

应熟练掌握岗位业务知识和业务技能，对客户的咨询、投诉等诉求不推诿、不拒绝、不搪塞，及时、耐心、准确地给予解答，提升客户满意度。

案例 20　电费调整不及时，多收电费惹投诉

事件经过

2020 年 5 月，某大工业客户反映已申请暂停至 50kVA 容量，其交纳电费中还有功率因数调整电费，不符合电价电费政策，客户表示不满引投诉。

调查结果

经调查，情况属实。该客户申请自 4 月 1 日起变压器暂停至 50kVA，工作人员办理工作票时认为是大工业用户，并没有更改其功率因数执行标准。根据［83］水电财字第 215《关于颁发〈力率调整办法〉的通知》要求，该用户暂停后的容量不符合执行功率因数执行标准，现已将客户电价信息调整正确，并将多收电费退还客户，客户表示满意。

违规条款

（1）违反《国家电网公司供电服务规范》第二章第四条第二款："真心实意为客户着想，尽量满足客户的合理要求。对客户的咨询、投诉等不推诿、不拒绝、不搪塞，及时、耐心、准确地给予解答。"

（2）违反《国家电网公司供电服务规范》第二章第四条第五款："熟知本岗位的业务知识和相关技能，岗位操作规范、熟练，具有合格的专业技术水平。"

暴露问题

工作人员责任意识不强，业务技能欠缺，在用电客户电量异常变化时未能引起重视，未严格按照业务流程规定为客户开展日

常工作。

考核处理

根据《国家电网公司供电服务奖惩规定》对相关责任人做出以下考核：

（1）对主要责任人经济处罚1000元，通报批评。

（2）对次要责任人经济处罚500元，通报批评。

规避投诉要点

定期组织开展培训，加强人员责任心，规范服务行为，严格执行公司电费收取相关制度，提升客户满意度。

第二节　优质服务案例

案例 1　开启智能新模式，个性服务获赞誉

案例提要

开启智能供电服务新模式，供电公司工作人员依托互联网、大数据分析技术主动、精准服务客户，降低用电成本。

案例分类

电价电费

服务过程

国家电网有限公司秉承“人民电业为人民”的服务理念，坚持创新驱动、客户体验为导向，深化“互联网＋营销服务”。创新智能缴费、用电成本效益评估等举措深入服务客户。

智能缴费是线上交费和 24 小时在线响应的供电服务模式，具备在线、灵活、互动的特点。用电客户享有余额不足提醒、每日用电查询、峰谷效益评估等新功能及时调整用电习惯，帮助用电客户做到科学合理用电，避免欠费影响信用记录和带来停电麻烦。开通智能缴费后还可享受相应的特色服务，如积分加倍赠送等福利。

供电公司还定期协助客户分析其用电情况，对于综合均价过高、力调电费折价水平过高、基本电费折价水平过高以及峰谷效益不良的企业，用电检查人员或客户经理主动联系客户，协助其分析用电情况，通过投入无功补偿装置、办理暂停减容、自主选择峰谷标识等减少用电成本支出。如某市车管所的电费综合均价一度达到 0.9 元/kW·h，客户经理分析发现用户在报装时误选择

峰谷分时电价，但是其用电集中在高峰期，导致均价过高，随即联系客户并上门收资办理峰谷标志变更手续，自此其均价降至了0.6元/kW·h左右，得到客户的大力称赞。

取得效果

智能缴费模式帮助客户及时调整了用电习惯，帮助用电客户做到科学合理用电，协助客户分析用电情况，减少了客户的用电成本支出，得到客户的一致好评，提升了国家电网有限公司的品牌形象，体现了央企的责任与担当。

案例点评

供电服务工作重在得到客户的认可，提升客户用电的良好感知，供电公司利用互联网、大数据分析技术等主动调整、变更工作方式方法，为客户着想。

只有主动服务、精准服务才能取得企业和客户的信任，这是赢得市场、赢得人心的法宝，在电力市场改革中，供电公司更要时刻以市场为导向，以客户为中心，坚持创新驱动，塑造供电公司优质服务的品牌形象。

案例 2　贴心服务降成本，携手共渡疫情关

案例提要

助推企业复工复产，以实际行动践行人民电业为人民企业宗旨，坚决打赢疫情防控阻击战。

案例分类

电价电费

服务过程

贯彻落实坚决打赢疫情防控阻击战精神，在疫情防控期间采取一系列措施降低企业用电成本，支持企业共渡难关。对疫情防控期间暂不能正常开工、复工的企业。

客户即日起可申请减容、暂停、减容恢复、暂停恢复，不受"基本电费计收方式选定后 3 个月内保持不变""暂停用电不得小于 15 天"等限制。对因疫情防控需要扩大产能的企业，如选择按合同最大需量方式结算基本电费，超过合同约定最大需量 105%部分按实计取。

提升疫情防控重点单位供电保障水平。对定点医疗机构、隔离场所、医疗队驻地、疫情检查站、疫情指挥部等疫情防控重点单位及场所，建立供电保障全天候专属服务团队，开展 24 小时在线供电监测，配备应急发电车，协助客户开展用电设备维护和巡视检测；对因疫情防控需要增加第 2 路电源的，免收高可靠性供电费。

所有一线员工立即行动起来，通过上门服务、电话通知等多种方式逐户和大工业客户沟通，运用业务知识帮助客户分析如何最大利益减免基本电费，帮助企业降低企业成本，早日复工复产。

取得效果

由于公司大工业客户体量较大，指派专人“一对一”单点单线服务，确保“即办快办”，密切关注疫情防控单位和复工复产企业经营情况，帮助客户挖掘自身潜力，合理选择降低成本政策，切实按照政策要求贯彻执行到位，获得客户的理解和好评。

案例点评

统筹抓好疫情防控和改革发展稳定各项工作，全面打赢脱贫攻坚战目标任务，体现“大国顶梁柱”“国家队”作用，以实际行动践行“人民电业为人民”企业宗旨，全力助推企业复工复产。

案例 3　暖心服务助扶贫，主动担当树形象

案例提要

供电公司工作人员主动服务光伏扶贫电站消缺，按时按量发放电费补贴，对于低保户、五保客户定期返还其减免电费，并主动服务解决用电困惑，在节假日主动上门慰问。

案例分类

电价电费

服务过程

供电公司广大党员利用主题党日活动，结合工作实际，开展了“履行国网担当，助力光伏扶贫”实践活动。广大党员在供电所员工的带领下主动深入辖区内的光伏扶贫电站，义务检查光伏电站运行情况，进行设备安全维护，帮助清洗太阳能电池板，向扶贫电站维护人员传授安全维护技能。对于光伏扶贫电站的购电费以及补贴电费实施“月清月结”，开通“绿色通道”，确保扶贫电站收入按时按量发放到贫困户手中。

供电公司主动作为，主动联系民政部门根据需要变更其低保五保户的电费减免周期，保证每月减免的电费资金可按时随低保金发放到低保户、五保户手中。供电公司将民政部门提供的低保户、五保户明细下发至其所辖供电所，安排供电所人员不定期至低保户、五保人员家中查看其线路情况，确保不出现安全隐患，了解其实际困难，并上报部门及公司工会，主动走访慰问。

取得效果

公司对于光伏扶贫电站主动做好服务，从并网验收一直到费

用结算，每个环节都与客户积极沟通，提前防范服务风险，对于低保户、五保用户，在坚决贯彻省发展与改革委员会政策的基础上，主动担当，深入服务，解决贫困户的用电后顾之忧。

案例点评

国家电网有限公司作为央企，更要敢于担当、勇于作为，助力光伏扶贫这一国家精准扶贫十大工程之一，帮扶群众脱贫致富，助力脱贫攻坚圆满收官。

第四章
用电检查类案例

第一节 典型案例

案例1 客户窃电酒后查，违反规范引投诉

事件经过

2020年4月，某公司客户来电反映，供电公司电工酒后上岗，对客户违规停电。

调查情况

经调查，客户反映情况属实。供电公司电工王某酒后发现客户违规窃电，上前制止并当场中止供电，未向客户解释清楚，引发客户投诉。客户补交所窃电量电费和违约使用电费后，已恢复供电。

违规条款

（1）违反《国家电网有限公司员工服务“十个不准”》（修订版）第十条：“不准利用岗位与工作便利侵害客户利益，为个人及亲友谋取不正当利益。”

（2）违反《国家电网公司供电服务规范》第二章第四条：“（一）严格遵守国家法律、法规，诚实守信、恪守承诺。爱岗敬业，乐于奉献，廉洁自律，秉公办事。（五）熟知本岗位的业务知识和相关技能，岗位操作规范、熟练，具有合格的专业技术水平。”

暴露问题

（1）员工工作不规范，风险意识淡薄，窃电处理未按规范流程执行，现场检查1人进行，现场未及时取证。

（2）工作人员服务意识、责任心不强，与客户沟通解释不

到位。

（3）供电所日常管理存在疏漏，对员工服务行为监督不力。

考核处理

根据《国家电网公司供电服务奖惩规定》，对相关责任人做出以下考核处理：

（1）对主要责任人电工王某经济处罚2000元，通报批评。

（2）对次要责任人供电服务班班长经济处罚1000元，通报批评。

规避要点

加强员工行为规范培训，提高人员服务意识、风险意识、责任意识；规范用电检查处理流程，做好客户违规或窃电行为的取证工作，加强过程监督和管控，避免发生投诉。

案例 2 违规私自调电量，截留电费不应当

事件经过

2020 年 3 月份，供电公司在用电检查中发现，某台区内安装 21 块非公司资产的卡式电能表且未录入系统，卡式电能表电费由供电所电工自行收取，存在“私自调节电量，截留电费”现象。

调查情况

经调查，情况属实。该供电所台区电工为规避线损考核，私自调节线损电量，存在违规使用非公司资产表计，调节电量、截留电费的情况。已拆除非公司资产表计，并按照规定追补全部电量电费。

违规条款

（1）违反《中华人民共和国电力法》第三十一条：“用户应当安装用电计量装置。用户使用的电力电量，以计量检定机构依法认可的用电计量装置的记录为准。用户受电装置的设计、施工安装和运行管理，应当符合国家标准或者电力行业标准。”

（2）违反《中华人民共和国电力法》第三十三条：“供电企业应当按照国家核准的电价和用电计量装置的记录，向用户计收电费。”

（3）违反《国家电网有限公司员工服务“十个不准”》（修订版）：“不准利用岗位与工作便利侵害客户利益，为个人及亲友谋取不正当利益。”

暴露问题

（1）基层供电所管理不规范，对基层电工违规行为管控不到位。

（2）线损管理粗放，现场普查不足，未能及时发现工作人员

违规使用非公司资产表计现象。

（3）电费核算管理不到位。

考核处理

根据《国网河南省电力公司供电服务“零容忍”考核实施意见》，对相关责任人做出以下考核处理：

（1）对主要责任人经济处罚 3000 元，待岗 1 年，同时取消年度评先晋升资格。

（2）对次要责任人供电所所长经济处罚 2000 元，调整岗位，同时取消年度评先晋升资格。

（3）对营销部分管主任经济处罚 2000 元，通报批评。

（4）对营销部主任经济处罚 2000 元，通报批评。

（5）对单位分管负责人经济处罚 1000 元，通报批评。

（6）对单位负责人经济处罚 1000 元，通报批评。

规避要点

常态化开展线损异常台区排查，加大对违规使用非公司资产表计等严重违规行为的考核力度，发现问题及时处理。

案例 3　处理违约不规范，违规停电遭投诉

事件经过

2020 年 5 月，某企业客户投诉供电公司工作人员不通知客户就停电，电话询问时才告知是违约用电停电且存在乱收费问题，客户表示非常不满。

调查情况

经调查，情况属实。供电公司用电检查人员何某、张某现场检查时发现，该企业客户将已办理暂停手续的变压器（合同容量 160kVA）私自启用，存在违规用电行为，因公司负责人不在，在告知客户门卫后即进行停电处理。在后期收取违约使用电费时，按照擅自启用封存设备容量每次每千瓦（千伏安）50 元进行了违约使用电费收取。存在违规停电、违约用电处理不规范问题。已按照规范处理流程进行处理，退还客户多收的违约使用电费，工作人员向客户诚恳道歉，取得客户谅解。

违规条款

（1）违反《国家电网有限公司员工服务“十个不准”》（修订版）第一条：“不准违规停电、无故拖延检修抢修和延迟送电。”

（2）违反《国家电网公司供电服务规范》第二章第四条第五款：“熟知本岗位的业务知识和相关技能，岗位操作规范、熟练，具有合格的专业技术水平。”

（3）违反《供电营业规则》第六十七条：“除因故中止供电外，供电企业需对用户停止供电时，应按下列程序办理停电手续：①应将停电的用户、原因、时间报本单位负责人批准，批准权限和程序由省电网经营企业制订；②在停电前三至七天内，将停电

通知书送达用户，对重要用户的停电，应将停电通知书报送同级电力管理部门；③在停电前30min，将停电时间再通知用户一次，方可在通知规定时间实施停电。”

（4）违反《供电营业规则》第一百条第四款：“擅自使用已在供电企业办理暂停手续的电力设备或启用供电企业封存的电力设备的，应停用违约使用的设备。属于两部制电价的用户，应补交擅自使用或启用封存设备容量和使用月数的基本电费，并承担二倍补交基本电费的违约使用电费；其他用户应承担擅自使用或启用封存设备容量每次每千瓦（千伏安）30元的违约使用电费。”

暴露问题

（1）用电检查人员业务知识掌握不全面，违约用电处理不规范，业务技能欠缺。

（2）工作人员缺乏服务意识、风险防范意识，责任心不强，停电行为太随意，未按照规定时间提前通知客户。

（3）停送电管理存在漏洞，审批监督机制不健全。

（4）客户违约用电未及时收集、留存相关佐证，未及时进行服务报备。

考核处理

根据《国家电网公司供电服务奖惩规定》对相关责任人做出以下考核处理：

（1）对主要责任人何某、张某经济处罚1000元，通报批评。

（2）对次要责任人用电检查班班长经济处罚500元，通报批评。

规避要点

加强用电检查人员法律法规、服务规范培训，提高人员规范服务意识；强化用电检查管理力度，加强人员业务技能培训，减少工作差错；健全停送电监督机制，加强审批管理，杜绝违规停电行为。

案例 4　业务变更不细心，少计电量被处理

事件经过

2019 年 11 月，公司用电检查人员在一次电价执行情况排查中，发现某机械制造公司按用电性质应执行峰谷分时电价，但当月未收取峰谷分时电费，存在“分时电价执行异常”。

调查情况

经现场调查，客户“分时电价执行异常”情况属实。该客户原有两台变压器并列运行，10 月份客户资产发生变更，高压业扩员李某在对其走“改类”流程时，误把该客户计费方案中的“是否执行峰谷标志”选择为“否”，造成 11 月份发行电费后出现“分时电价执行异常”，少计峰谷分时电费 5648.00 元。高压业扩人员及时进行整改，对客户档案进行更正，并与客户沟通取得客户理解，于 12 月份对少计的峰谷分时电费进行了追补。

违规条款

（1）违反《国家电网公司供电服务规范》第二章第四条第五款：“熟知本岗位的业务知识和相关技能，岗位操作规范、熟练，具有合格的专业技术水平。”

（2）违反《国家电网公司供电服务规范》第二章第五条第四款：“严格执行国家规定的电费电价政策及业务收费标准，严禁利用各种方式和手段变相扩大收费范围或提高收费标准。”

暴露问题

（1）业扩人员业务生疏，“分时电价”执行规则掌握不到位，系统操作不熟练。

（2）工作人员服务意识、责任心不强，工作马虎大意。

（3）业务变更流程管控不到位，缺乏必要的监督机制。

（4）电费核算日常管理存在疏漏，未能及时发现存在的问题。

考核处理

根据《国家电网公司供电服务奖惩规定》，对相关责任人做出以下考核处理：

（1）对主要责任人李某经济处罚1000元，通报批评。

（2）对次要责任人营业班班长、电费核算员分别经济处罚500元，通报批评。

规避要点

加强业扩人员培训，及时掌握新的电价政策、分时电价执行标准；对业务流程进行梳理、规范，加强闭环管理，减少工作差错。

案例5 私改铭牌来窃电，电工协助受处罚

事件经过

2019年5月27日，某公司线损治理过程中，发现某供电所一商业客户用电量异常，怀疑该客户存在窃电嫌疑，启动现场检查。

调查情况

经现场调查，客户窃电情况属实。该户电能表外部无破损，接线正确，电能表铅封正常，但互感器铅封丢失，核查互感器铭牌变比与营销系统一致。用电检查人员随即采用设备现场测量互感器变比，发现实际互感器变比比营销系统大一倍。窃电者通过更换大变比电流互感器，同时将铭牌更换为原电流互感器铭牌，导致进表电流减小一半进行窃电。在此过程中，该所电工杜某（窃电户同学）有协助客户窃电情况。用电检查人员按照规定对客户窃电行为进行了处理。

违规条款

（1）违反《国家电网有限公司员工服务“十个不准”》（修订版）：“不准利用岗位与工作便利侵害客户利益，为个人及亲友谋取不正当利益。”

（2）违反《电力供应与使用条例》第三十一条第五款：“禁止窃电行为。故意使供电企业的用电计量装置计量不准或者失效。”

暴露问题

（1）供电公司工作人员法律意识淡薄，协助客户窃电，为亲友用电谋取不正当利益。

（2）供电所日常管理不到位，用电检查不彻底，未能及时发现客户窃电情况。

考核处理

根据《国网河南省电力公司供电服务“零容忍”考核实施意见》，对相关责任人做出以下考核处理：

（1）对主要责任人电工杜某经济处罚3000元，待岗1年，取消年度评先晋升资格。

（2）对次要责任人供电所所长经济处罚2000元，调整岗位，取消年度评先晋升资格。

（3）对营销部分管主任经济处罚1000元，通报批评。

（4）对营销部主任经济处罚1000元，通报批评。

（5）对单位分管负责人经济处罚1000元，通报批评。

规避要点

改变窃电查处策略，通过大数据精准锁定重点查处目标；加强人员法规培训，提高人员工作责任心，强化供电所日常监督管理。

案例 6　低价高接干私活，违规行为必查处

事件经过

2020 年 7 月，供电公司组织开展市县农业电价普查活动，某养殖业有限公司 6 用电量突增 5 万多千瓦时，存在电量异常，启动现场检查。

调查情况

经调查，情况属实。该公司负责人私下找电工李某帮其从变压器出线接线 2km，接至另一处砂石料粉碎厂用电。客户存在违约用电行为，按照《供电营业规则》第一百条第一款规定，补交实际使用日期差额电费，并承担二倍差额电费的违约使用电费。

违规条款

（1）违反《国家电网有限公司员工服务“十个不准”》（修订版）：“不准利用岗位与工作便利侵害客户利益，为个人及亲友谋取不正当利益。”

（2）违反《国家电网公司供电服务规范》第二章第五条第四款：“严格执行国家规定的电费电价政策及业务收费标准，严禁利用各种方式和手段变相扩大收费范围或提高收费标准。”

暴露问题

（1）供电所电工服务风险意识淡薄，业务素质不高，工作责任心不强，法律法规、规章制度执行不严。

（2）供电所日常管理存在漏洞，对电工服务行为监管不力，未能及时发现并制止员工违规行为。

考核处理

根据《国家电网公司供电服务奖惩规定》规定，对相关责任人做出以下考核处理：

（1）对主要责任人李某经济处罚 3000 元，待岗 1 年。

（2）对次要责任人供电所所长经济处罚 2000 元，通报批评。

（3）对责任部门分管主任经济处罚 1000 元，通报批评。

（4）对责任部门主任经济处罚 500 元，通报批评。

（5）对责任部门分管领导经济处罚 500 元。

规避要点

（1）强化电工职业操守、服务行为自律教育，严格服务考核制度。

（2）供电所应强化日常管理，加强服务监督，做好常态化明察暗访，发现违规行为严肃处理。

案例 7 客户套取高补贴，国家资产受损失

事件经过

2020 年 5 月，供电公司组织开展光伏“零”电量客户检查，发现供电所辖区内新装光伏客户张某发电量连续三个月为 0。

调查情况

经调查，情况属实。《国家发展改革委关于完善光伏发电上网电价机制有关问题的通知》对电价进行调整，客户为套用当时国家高价光伏补贴，在光伏设备未安装到位的情况下，光伏立户成功，导致光伏客户发电上网表计出现“零”电量问题。

违规条款

（1）违反《电能计量装置技术管理规程》：“电能计量装置投运前应进行全面验收，对电能表接线正确性进行检查。”

（2）违反《国家电网公司电费抄核收管理规则》第三章第二十三条：“抄表数据应及时进行复核。发现电量突变或分时段数据不平衡等异常情况，应立即进行现场核实；确有异常时，应提出异常报告并及时处理。”

暴露问题

（1）光伏报装不规范，流程管控不到位，客户内部工程未完工，为追求业扩时限不超时，强行推进光伏工作票进程，存在光伏业扩审查和把关不严。

（2）供电公司日常管理存在漏洞，对光伏用户缺失日常巡视检查，首月抄表未落实到位，造成客户连续三个月零电量未及时发现，致使光伏扶贫流于形式。

考核处理

根据《国家电网公司供电服务奖惩规定》，对相关责任人做出以下考核处理：

（1）对责任人经济处罚 500 元，通报批评。

（2）对供电所所长经济处罚 300 元，通报批评。

规避要点

光伏扶贫作为国家大政方针，严格执行业扩报装规章制度，跟踪办电流程，了解客户真实情况，管控报装各环节工作时限，避免出现客户套用国家光伏补贴，在不具备条件的情况下提前接入。

案例 8 私增容量拒承认，证据确凿受处罚

事件经过

2020 年 5 月，供电公司组织开展了打击窃电及违约用电专项行动，5 月 8 日工作人员在系统中发现某石料厂用电量异常，该客户在营销系统中配电变压器容量为 500kVA，但 2020 年 4 月份用电量竟达到了 42.78kW·h，远超理论最大用电量，电量异常引起了用电检查人员的关注。

调查情况

经调查，情况属实。该客户在营销系统中配电变压器容量为 500kVA，执行大工业两部制电价。2020 年 5 月 8 日，工作人员对石料厂进行现场核实，3 月份客户变压器故障，电工帮其联系的变压器厂家换的特殊变压器，测试仪三次测容均测试不出结果，联系专业变压器厂家，公安机关协助，对比表计二次电流，变压器一次电流，最终客户承认变压器实际运行容量为 630kVA，客户承认在未办理用电业扩手续的情况下，私自将变压器容量由 500kVA 增容至 630kVA，存在违约用电行为。按照《供电营业规则》第一百条第二款：私自超过合同约定的容量用电的，除应拆除私增容设备外，属于两部制电价的用户，应补交私增设备容量使用月数的基本电费，并承担三倍私增容量基本电费的违约使用电费。用电检查人员当场对客户开具《用电检查结果通知书》和《违约用电、窃电通知书》，对该客户基本电费及违约使用电费合计 12.48 万元进行了追缴，并告知客户立即办理增容手续。

违规条款

（1）违反《国家电网有限公司员工服务“十个不准”》（修订

版）："不准利用岗位与工作便利侵害客户利益，为个人及亲友谋取不正当利益。"

（2）违反《国家电网公司供电服务规范》第二章第五条第四款："严格执行国家规定的电费电价政策及业务收费标准，严禁利用各种方式和手段变相扩大收费范围或提高收费标准。"

暴露问题

（1）工作人员责任心不强，服务意识淡薄，在明知特种变压器能逃避测容仪测容情况下，协助客户购买，帮助客户逃避两种变压器容量之差的基本电费，从客户处获得非法所得。

（2）供电所日常管理存在漏洞，对员工服务行为监督不力，未及时发现员工日常工作的违规。

考核处理

根据《国家电网公司供电服务奖惩规定》对相关责任人做出以下考核处理：

（1）对主要责任人经济处罚3000元，待岗1年。

（2）对次要责任人供电所所长经济处罚2000元，通报批评。

（3）对责任部门分管主任经济处罚1000元，通报批评。

（4）对责任部门主任经济处罚500元，通报批评。

（5）对责任部门分管领导经济处罚500元。

规避要点

（1）加强法律法规宣传，建立警企联动机制，规范用电法律意识，提高客户自觉正常用电行为。

（2）加强客户用电管理，科学制订用电检查计划。

案例 9 群体窃电手段高，警企联手手腕硬

事件经过

2019 年 5 月，供电公司组织开展了反窃查违专项行动，通过用电信息采集系统筛选电量小台区，对比查看和分析历史数据，确定某台区为重点排查小区，挂接台区普查仪。

调查情况

经调查，情况属实。用电检查人员检查小区电能表相线进线电流明显大于表内显示电流，但电能表检测无开盖记录，铅封完好，检查表外部也无破损，接线也没有问题。联合公安人员实时录像现场执法，打开电能表，焊接表内元件窃电触点处也有损坏痕迹，窃电者将开盖记录触点破坏并伪造电能表铅封，再短接电能表内部元件，使检查人员检查时测不到该电能表有开盖记录。该小区采用统一窃电手法。供电公司向客户下达《违约用电、窃电通知书》，中止供电并由客户签字确认，经计算，每户需要按所窃电量补交电费，并承担补交电费三倍的违约使用电费。

违规条款

（1）违反《国家电网有限公司电费抄核收管理办法》第三章第三十一条第四款：“对实行远程自动采集抄表方式的电力客户，应定期安排现场核抄。”

（2）违反《国家电网有限公司电费抄核收管理办法》第三章第三十一条第六款：“通过采集系统相关功能模块定期对采集示数进行核对检查，发现异常立即安排现场核查。”

暴露问题

（1）抄表人员服务风险意识淡薄、业务素质不高、工作责任

心不强、规章制度执行不到位。

（2）供电公司管理不到位，窃电巡视检查不到位，导致群体客户长期窃电未发现问题。

考核处理

根据《国家电网公司供电服务奖惩规定》对相关责任人做出以下考核处理：

（1）对主要责任人抄表员经济处罚3000元，待岗1年。

（2）对次要责任人抄表班班长经济处罚2000元，通报批评。

（3）对责任部门分管主任经济处罚1000元，通报批评。

（4）对责任部门主任经济处罚500元，通报批评。

（5）对责任部门分管领导经济处罚500元。

规避要点

按照抄表周期开展现场核抄工作，对电量波动大的，利用用电信息采集系统密切关注客户用电负荷波动情况，发现问题现场核实，同时也应加大反窃策略，实施突击夜查，并加大节假日和恶劣天气期间的查处频次和力度，确保公司利益不受损失。

第二节 优质服务案例

案例1 专项检查重沟通，服务创新赢赞扬

案例提要

供电公司在专项用电检查过程中，加强服务沟通，开展规范服务，既提升了工作成效，也确保了过程规范可查，赢得了客户的积极配合。

案例分类

用电检查

服务过程

2020年8月，某公司在反季节性用电异常专项检查中，结合学校教学寒暑假及新冠肺炎疫情防控期间的用电特点和用电客户特征画像，运用大数据进行分析挖掘，快速构建检查标签，形成了学校教学反季节性用电检查主题，定位全部待查异常客户。各基层单位根据专项检查任务，重点围绕电力客户是否为学校教学用电性质、是否违约转供电、定比定量是否合理设置并执行到位、基础档案是否准确等问题开展逐户核查。

为了争取客户的理解，该公司在专项检查开展前还专门对检查人员培训了沟通技巧，要求现场检查人员采用“三个一定”工作法（态度一定要热情、和蔼，讲解电价政策一定要有耐心，确定整改的用电类别一定要合规），避免因客户的不理解导致整改不到位或无法整改。对于存在服务风险的客户，及时进行重要服务事项报备，规避客户投诉风险。

在专项检查过程中，用电检查人员发现某医学高等专科学校的家属院不应执行中小学教学电价，应执行居民合表电价。工作人员

上门讲解政策，但客户一直拒绝提供资料办理改类业务。用电检查人员就一次次上门，耐心地向客户宣传有关电价文件，并为客户认真分析利弊。工作人员的热情、耐心和专注的工作态度最终感染了客户，客户在由衷表达钦佩之余，及时协助办理了相关手续。

取得效果

（1）供电公司在本次学校教学和学生生活电价执行情况专项检查中，查实异常用电户 254 户，其中，已立行立改 197 户，纳入整改闭环管控 57 户。

（2）供电公司在专项检查过程中，注重服务技巧和服务规范的培训、应用，并立足客户角度，加强服务沟通，赢得了客户的满意和积极配合。

（3）供电公司积极服务举措在媒体发表，起到了较好的宣传效果。

案例点评

用电检查工作容易引起客户的抵触情绪和误解。在各级监管越来越严格，客户对供电服务工作要求越来越高的背景下，传统的以“工作”为主导的模式正在向以“客户”为中心的模式转变。我们需要的不仅是按照工作标准、服务规范完成相应的工作，还要立足客户视角，重新规划、优化我们的工作方式方法，在工作创新、服务创新上不断取长补短，不断取得新突破。

此案例中的供电公司，以优质服务为根本，以客户满意为目标，在周密做好专项检查方案的基础上，加强工作人员服务技巧和服务规范的培训，在服务过程中创新工作方法，积极与客户沟通，取得了很好的社会效果。此外，该供电公司工作过程中还注意服务风险的防范，积极利用报备、现场佐证等手段规避服务风险，化解服务隐患。

第五章
供电服务类案例

第一节　典型案例

案例 1　态度恶劣催错费，惹怒客户遭投诉

事件经过

9 月 5 日，某公司客户反映抄催人员在客户不欠费情况下进行催费且服务态度恶劣，客户表示不满。

调查结果

经调查，客户反映情况属实。抄催人员责任心不强，看错催费清单误以为客户欠费且上门催费过程中存在服务态度差现象，引发投诉。

违规条款

（1）违反《国家电网公司供电服务规范》第二章第四条第五款："熟知本岗位的业务知识和相关技能，岗位操作规范、熟练，具有合格的专业技术水平。"

（2）违反《国家电网公司供电服务规范》第二章第四条第二款："真心实意为客户着想，尽量满足客户的合理要求。对客户的咨询、投诉等不推诿、不拒绝、不搪塞，及时、耐心、准确地给予解答。"

暴露问题

（1）工作人员责任意识不强，工作粗心大意，因工作疏忽造成催错费。

（2）工作人员服务意识淡薄，与客户沟通时未能控制情绪，服务态度差。

考核处理

根据《国网河南省电力公司供电服务“零容忍”考核实施意见》对责任人做出以下考核处理：

（1）对主要责任人待岗3个月，同时取消年度评先、晋升资格，经济处罚3000元。

（2）对责任班组长调整岗位，同时取消年度评先、晋升资格，经济处罚2000元。

（3）对分管负责人经济处罚1000元。

规避投诉要点

（1）催费前应认真核对客户信息，现场或电话催费时应再次与客户核对户号、地址及电量信息，避免催错费问题发生。

（2）定期组织开展全员服务规范及催费技巧培训，提高工作责任心和服务意识。

（3）制定严格的考核机制，规范供电服务一线人员的行为，杜绝各类不良服务案例的发生。

案例 2 接听电话缺耐心，提前挂断客户怒

事件经过

某公司客户投诉，与工作人员联系要求尽快复电时，工作人员语气难听不耐烦且客户未说完就被工作人员挂断电话。

调查结果

经调查，客户反映情况属实。客户因欠费停电，交费后拨打电话要求送电，工作人员在与客户沟通过程中，存在用词不当、语气不耐烦的问题且未确认客户是否还有其他需求就提前挂断电话，给客户造成不良感知。现客户家中用电正常，工作人员已向客户解释并赔礼道歉，取得客户谅解。

违规条款

（1）违反《国家电网公司供电服务规范》第二章第四条第二款："真心实意为客户着想，尽量满足客户的合理要求。对客户的咨询、投诉等不推诿，不拒绝，不搪塞，及时、耐心、准确地给予解答。"

（2）违反《国家电网公司供电服务规范》第四章第十四条第二款："接听电话时，应做到语言亲切、语气诚恳、语音清晰、语速适中、语调平和、言简意赅。应根据实际情况随时说'是''对'等，以示在专心聆听，重要内容要注意重复、确认。通话结束，须等客户先挂断电话后再挂电话，不可强行挂断"。

（3）违反《国家电网有限公司员工服务"十个不准"》（修订版）第六条："不准漠视客户合理用电诉求、推诿、搪塞、怠慢客户"。

暴露问题

（1）工作人员主动服务意识不强，缺乏耐心，对客户反映的问题不能尽心尽责妥善处理。

（2）工作人员未遵守电话服务规范，随意挂断客户电话。

考核处理

根据《国家电网公司供电服务奖惩规定》，对责任人做出以下考核处理：

（1）对主要责任人某供电所值班员王某通报批评，经济处罚2000元。

（2）对次要责任人某供电所台区经理丁某通报批评，经济处罚1000元。

规避投诉要点

（1）强化人员责任心，提高服务意识，真正使服务规范、工作标准和员工行为规范落到实处。

（2）强化接听电话行为规范，定期组织开展服务规范技巧培训，规范服务行为、语言。

案例 3 联系客户无结果，现场发飙毁形象

事件经过

某公司客户投诉，工作人员与其联系新装电能表，客户未接听到电话，工作人员到达现场后吼叫并辱骂客户，并将客户提供的导线扔在地上后离开且未安装电能表。

调查结果

经调查，客户反映情况属实。因客户一直未接听电话而导致业扩工单超时，工作人员情绪激动，赶到现场与客户发生争执且语气强硬，将客户准备好的导线扔在地上后离开，引起客户的不满。现已对工作人员批评教育，并将客户电能表安装完毕。

违规条款

（1）违反《国家电网公司供电服务规范》第二章第六条第二款：“为客户提供服务时，应礼貌、谦和、热情。接待客户时，应面带微笑，目光专注，做到来有迎声、去有送声。与客户会话时，应亲切、诚恳，有问必答。工作发生差错时，应及时更正并向客户道歉”。

（2）违反《国家电网公司供电服务规范》第五章第十七条第八款：“现场工作结束后，应立即清扫，不能留有废料和污迹，做到设备、场地清洁。”

（3）违反《国家电网公司供电服务规范》第二章第四条第二款：“真心实意为客户着想，尽量满足客户的合理要求。对客户的咨询、投诉等不推诿、不拒绝、不搪塞，及时、耐心、准确地给予解答。”

暴露问题

（1）工作人员服务意识不强，将情绪带进工作。

（2）现场工作人员服务风险意识薄弱，服务态度恶劣，未能有效规避投诉风险。

（3）工作人员未执行现场工作规范，现场缺乏有效监管，未及时制止该工作人员的不规范行为。

考核处理

根据《国网河南省电力公司供电服务“零容忍”考核实施意见》，对责任人做出以下考核处理：

（1）对主要责任人待岗 3 个月，同时取消年度评先、晋升资格，经济处罚 3000 元。

（2）对责任班组长调整岗位，同时取消年度评先、晋升资格，经济处罚 2000 元。

（3）对分管负责人经济处罚 1000 元。

规避投诉要点

当客户电话不畅通时，应采取多种途径与客户取得联系，确保工作及时对接。

对现场工作人员加强服务规范培训，提高现场人员服务意识，做好情绪管理。

建立健全现场服务人员行为监管，及时发现并制止工作人员的不规范行为。

案例 4　服务客户讲条件，语气强硬被投诉

事件经过

某公司客户投诉，上午 12 点左右客户到某营业厅办理灌溉卡补卡业务，工作人员拒绝受理，告知客户自己已经下班了，等下午 2 点以后再办理，语气十分强硬，客户不认可。

调查结果

经调查，客户反映情况属实。工作人员急于下班，拒绝为客户办理业务且与客户沟通过程中态度恶劣，引发客户投诉。

违规条款

（1）违反《国家电网公司供电服务规范》第二章第四条第二款：“真心实意为客户着想，尽量满足客户的合理要求。对客户的咨询、投诉等不推诿、不拒绝、不搪塞，及时、耐心、准确地给予解答。”

（2）违反《国家电网有限公司员工服务“十个不准”》（修订版）第六条：“不准漠视客户合理用电诉求，推诿、搪塞、怠慢客户”。

（3）违反《国家电网公司供电服务规范》第三章第十一条第二款：“实行首问负责制。无论办理业务是否对口，接待人员都要认真倾听，热心引导，快速衔接，并为客户提供准确的联系人、联系电话和地址。”

暴露问题

（1）营业厅工作人员责任心不强，服务意识欠缺，未执行首问负责制，尽快解决客户问题。

（2）营业厅工作人员缺乏主动服务意识。

（3）营业厅管理不到位，对工作人员拒绝办理业务的行为未能有效监管。

考核处理

根据《国网河南省电力公司供电服务“零容忍”考核实施意见》，对责任人做出以下考核处理：

（1）对主要责任人通报批评，待岗3个月，经济处罚3000元。

（2）对责任班组长通报批评，经济处罚2000元。

（3）对分管负责人经济处罚1000元。

规避投诉要点

（1）提升工作人员服务意识，严格落实“首问负责制”，及时处理客户诉求。

（2）开展服务规范、典型投诉案例培训，提高营业厅人员服务风险防范意识。

（3）加强营业厅监控管理，及时发现营业厅人员不规范行为，避免引发投诉。

（4）对客户推诿、塞责现象，结合营业厅窗口服务评价系统进行评价，列入绩效考核。

案例5 拒开发票未解释，二次往返起冲突

事件经过

11月22日，某公司客户投诉。在11月15日去某供电营业厅缴纳电费后，工作人员拒绝开发票，只为其开具了预存收据。11月18日客户再次到营业厅要求开发票，工作人员仍不同意，并让营业厅保安将其赶走，双方发生争吵，客户不满。

调查结果

经调查，客户反映情况属实。因该客户为智能缴费客户，当月所交电费需到下月发行时才能开具发票，故暂时只能开具收据，工作人员只告知客户不能开发票，未解释具体原因，造成客户重复往返，并在客户第二次来到营业厅时与其发生争吵，服务态度恶劣。现已再次向客户解释票据开具规定，并向客户致歉。

违规条款

（1）违反《国家电网有限公司员工服务“十个不准”》（修订版）第六条：“不准漠视客户合理用电诉求，推诿、搪塞、怠慢客户”。

（2）违反《国家电网公司供电服务规范》第二章第四条第五款：“熟知本岗位的业务知识和相关技能，岗位操作规范、熟练，具有合格的专业技术水平。”

（3）违反《国家电网公司供电服务规范》第二章第四条第二款：“真心实意为客户着想，尽量满足客户的合理要求。对客户的咨询、投诉等不推诿、不拒绝、不搪塞，及时、耐心、准确地给予解答。”

（4）违反《国家电网公司供电服务规范》第二章第六条第三款：“当客户的要求与政策、法律、法规及本企业制度相悖时，应

向客户耐心解释，争取客户理解，做到有理有节。遇有客户提出不合理要求时，应向客户委婉说明。不得与客户发生争吵”。

暴露问题

（1）工作人员责任心不强，未向客户解释清楚不能开发票的原因，造成客户重复往返。

（2）工作人员与客户沟通时服务态度差，服务意识薄弱，服务风险防范能力欠缺。

考核处理

根据《国网河南省电力公司供电服务“零容忍”奖惩规定》，对责任人做出以下考核处理：

（1）对主要责任人营业厅工作人员王某通报批评，待岗 3 个月，经济处罚 3000 元。

（2）对责任班组长丁某通报批评，经济处罚 2000 元。

（3）对营销部分管主任经济处罚 1000 元。

规避投诉要点

营业厅工作中，预存电费暂时不能开具发票极易引起客户不满。当客户询问时，业务人员更需耐心、详细地向客户解释清楚原因，不能敷衍塞责，同时也要注意培养同理心，站在客户角度思考问题，提升服务及沟通技巧。

案例6 停电报修遭推诿，态度蛮横引投诉

事件经过

公司客户反映停电后拨打当地报修电话，工作人员要求客户自己联系电工且告知：“想打95598就打，你想怎样就怎样，随你的便”，存在推诿、服务态度差的问题。

调查结果

经调查，客户反映情况属实。因工作人员与客户联系解释过程中，未能向客户耐心说明情况，说话口气生硬，态度差，导致投诉。

违规条款

（1）违反《国家电网有限公司员工服务“十个不准”》（修订版）第六条：“不准漠视客户合理用电诉求，推诿、搪塞、怠慢客户”。

（2）违反《国家电网公司供电服务规范》第三章第十一条第二款：“实行首问负责制。无论办理业务是否对口，接待人员都要认真倾听，热心引导，快速衔接，并为客户提供准确的联系人、联系电话和地址。”

（3）违反《国家电网公司供电服务规范》第二章第四条第二款：“真心实意为客户着想，尽量满足客户的合理要求。对客户的咨询、投诉等不推诿、不拒绝、不搪塞，及时、耐心、准确地给予解答。”

暴露问题

（1）工作人员责任心不强，履职不当，未尽力去解决客户反映的问题。

（2）工作人员服务意识淡薄，言语随意。

（3）规章制度执行不严，工作人员服务行为缺乏监管。

考核处理

根据《国网河南省电力公司供电服务“零容忍”奖惩规定》对责任人做出以下考核处理：

（1）对主要责任人王某通报批评，经济处罚3000元。

（2）对责任班组长通报批评，经济处罚2000元。

（3）对分管负责人经济处罚1000元。

规避投诉要点

（1）加强人员工作职责及服务规范培训宣贯，严格执行首问负责制，及时处理客户诉求。

（2）组织抢修人员进行反思学习，举一反三，提高工作责任心和服务意识。

（3）加强抢修人员服务行为监督，切实提高抢修人员服务水平。

案例 7 酒后上岗查违规，违反规则引投诉

事件经过

客户来电反映，供电公司电工酒后上岗。

调查结果

经调查，客户反映情况属实。供电公司电工酒后发现客户违规用电，上前制止，未向客户解释清楚。

违规条款

（1）违反《国家电网公司供电服务规范》第二章第四条第五款："熟知本岗位的业务知识和相关技能，岗位操作规范、熟练，具有合格的专业技术水平。"

（2）违反《国家电网公司供电服务奖惩规定》员工服务行为类："迟到早退、擅自离岗、酒后上岗，工作时间从事与工作无关的活动等违规行为。"

暴露问题

工作人员责任心不强，规章制度执行不严，酒后上岗。

考核处理

根据《国家电网公司供电服务奖惩规定》，做出以下考核处理：

（1）对主要责任人电工张某通报批评，经济处罚 2000 元。

（2）对次要责任人王某并通报批评，经济处罚 1000 元。

规避投诉要点

加强员工服务意识培训，严禁出现违反公司规定的现象，杜绝酒后上岗。

案例 8　工作流程不规范，酒后上岗态度差

事件经过

客户投诉工作人员李某酒后上岗及服务态度问题。

调查结果

客户反映情况属实。客户联系某供电所电工李某要求配合其查看电费异常问题，工作人员因喝酒拒绝处理。

违规条款

违反《国家电网公司供电服务奖惩规定》员工服务行为类："迟到早退、擅自离岗、酒后上岗，工作时间从事与工作无关的活动等违规行为。"

暴露问题

工作人员责任心不强，规章制度执行不严，工作期间饮酒。

考核处理

根据《国家电网公司供电服务奖惩规定》规定，对责任人做出以下考核处理：

（1）对主要责任人李某通报批评，待岗一年，经济处罚 3000 元。

（2）对次要责任人所长张某通报批评，经济处罚 2000 元。

（3）对主管负责人王某经济处罚 1000 元。

规避投诉要点

（1）加强一线员工培训，增强员工服务意识和工作责任心，禁止工作期间饮酒。

（2）强化检查督查，对工作人员服务行为进行不定期的抽查。

案例 9 违诺违规超时限，申请升级为投诉

事件经过

3 月 29 日客户首次来电咨询电能表烧毁何时换表。工单回复内容为因暂无电能表预计 4 月 5 日前彻底解决该问题。5 月 13 日，客户再次来电投诉，电能表烧坏至今未解决，工作人员承诺未兑现。

调查结果

经调查，客户反映情况属实，因工作人员工作票较多，工作疏忽大意，将客户工作票遗漏，导致长达一个月未给其换表，承诺未兑现引发投诉。回访客户，已为客户完成换表工作，客户满意。

违规条款

（1）违反《国家电网公司供电服务规范》第二章第四条第五款："熟知本岗位的业务知识和相关技能，岗位操作规范、熟练，具有合格的专业技术水平。"

（2）违反《国家电网公司员工服务"十个不准"》（修订版）第六条："不准漠视客户合理用电诉求，推诿、搪塞、怠慢客户。"

暴露问题

工作人员责任心不强，未按规定履责。

考核处理

根据《国家电网公司供电服务奖惩规定》对责任人做出以下考核处理：

（1）对主要责任人徐某通报批评，经济处罚 2000 元。

（2）对次要责任人胡某通报批评，经济处罚 1000 元。

规避投诉要点

加大员工工作技能培训力度，增强责任心，避免出现违诺现象。

案例10　结清电费未复电，沟通技巧更欠缺

事件经过

某公司客户首次反映，电费已结清，要求送电。地市工单回复内容为客户属欠费停电，已结清电费恢复送电。1h后，客户再次投诉，工作人员与客户联系时存在态度恶劣，语气不好。

调查结果

经调查，客户反映情况属实。首次反映后工作人员与客户电话沟通，欠缺服务技巧，造成客户不良感知，以致客户挂断电话再次投诉，随后工作人员赶赴现场，经查客户家中空气开关故障，已帮其送电。回访客户，客户表示满意。

违规条款

（1）违反《国家电网公司供电服务规范》第二章第四条第五款："熟知本岗位的业务知识和相关技能，岗位操作规范、熟练，具有合格的专业技术水平。"

（2）违反《国家电网公司供电服务规范》第二章第四条第二款："真心实意为客户着想，尽量满足客户的合理要求。对客户的咨询、投诉等不推诿、不拒绝、不搪塞，及时、耐心、准确地给予解答。"

（3）违反《国家电网公司员工服务"十个不准"》（修订版）第六条："不准漠视客户合理用电诉求、推诿搪塞怠慢客户。"

暴露问题

（1）工作人员责任心不强，没有掌握实际情况就回复客户。

（2）工作人员与客户电话沟通，欠缺服务技巧，造成客户不

良感知。

考核处理

根据《国家电网公司供电服务奖惩规定》，对相关责任人做出以下考核：

（1）对主要责任人石某通报批评，经济处罚2000元。

（2）对次要责任人张某通报批评，经济处罚1000元。

规避投诉要点

（1）加强工作人员业务技能、工作规范培训，提高工作人员责任意识、服务水平。

（2）对工作人员供电服务行为进行不定期的抽查。

案例 11 酒后服务态度差，违规处理遭投诉

事件经过

客户投诉已缴纳电费但家中无电，联系工作人员告知还欠费并拒绝送电，客户称工作人员酒后上岗并对其父母态度恶劣。

调查结果

经调查，客户反映情况属实。该客户一家长期在外居住，客户母亲在 4 月 3 日晚回到家中发现无电，于 4 月 4 日凌晨拨打台区经理电话询问电费已交为何没电，台区经理在没有落实的情况下告知客户母亲有垫付的陈欠电费需要结清，双方发生口角。经核查实际停电原因为室内开关故障造成，现已恢复供电。经调查，台区经理当日喝酒属实。

违规条款

违反《国家电网公司供电服务规范》第二章第四条第二款："真心实意为客户着想，尽量满足客户的合理要求。对客户的咨询、投诉等不推诿、不拒绝、不搪塞，及时、耐心、准确地给予解答。"

违反《国家电网公司供电服务奖惩规定》员工服务行为类："迟到早退、擅自离岗、酒后上岗，工作时间从事与工作无关的活动等违规行为。"

暴露问题

工作期间，酒后上岗，没有真心实意为客户着想，尽量满足客户的合理用电诉求。

考核处理

根据《国家电网公司供电服务奖惩规定》，对相关责任人做出以下考核：

（1）对主要责任人台区经理江某通报批评，经济处罚3000元。

（2）对次要责任班组负责人王某通报批评，经济处罚2000元。

（3）对责任部门负责人史某，经济处罚1000元。

规避投诉要点

（1）加强人员业务技能及工作规范、工作标准培训，提高工作人员责任意识、服务水平。

（2）对供电服务规范，员工服务标准进行不定期的抽查。

案例 12 系统升级未通知，沟通不当引投诉

事件经过

9 月 23 日，客户反映 9 月份共缴电费 300 元，但系统测算电费中未显示，仍为欠费。工单回复内容为因支付宝系统升级造成，现系统恢复正常。9 月 24 日客户再次投诉，营业厅工作人员向其解释此问题时态度不好，不理会客户诉求，只表示“没有问题”，并对客户说“拨打的 95598 为不正规电话，不可能查到客户的电费情况”，要求客户前往营业厅处理问题，并挂断电话。

调查结果

经调查，客户反映情况属实。工作人员多次与客户解释电费问题，沟通中态度不好、情绪焦躁，未注意说话技巧，现工作人员已向客户道歉。因客户首次反映问题后，工作人员与客户沟通解释不到位且态度不好、言语不当，造成升级投诉。回访客户，客户表示认可。

违规条款

（1）违反《国家电网公司供电服务规范》第二章第四条第二款：“真心实意为客户着想，尽量满足客户的合理要求。对客户的咨询、投诉等不推诿、不拒绝、不搪塞，及时、耐心、准确地给予解答。”

（2）违反《国家电网公司供电服务规范》第二章第六条第二款：“为客户提供服务时，应礼貌、谦和、热情。接待客户时，应面带微笑、目光专注，做到来有迎声、去有送声。与客户会话时，应亲切、诚恳，有问必答。工作发生差错时，应及时更正并向客户道歉”。

暴露问题

营业厅人员服务态度恶劣，解释不到位，造成客户不良感知，进而引发投诉。

考核处理

根据《国家电网公司供电服务奖惩规定》，对相关责任人做出以下考核处理：

（1）对主要责任人沙某通报批评，经济处罚 2000 元。

（2）对次要责任人鲍某通报批评，经济处罚 1000 元。

规避投诉要点

（1）加强窗口工作人员业务综合素质培训，提高工作人员责任意识、服务水平。

（2）对窗口工作人员服务行为进行不定期的检查。

案例13 重复往返退费难，工作失职被投诉

事件经过

2019年4月16日，客户来电反映，2016年6月21日到当地营业厅进行交费时，工作人员告知客户错误的户号导致其交错电费（交错金额为200元），客户近三年时间内，多次重复往返到营业厅要求返还错缴电费，一直未退还成功且至今仍收到错误户号的催费信息，工作人员存在严重失职情况。

调查结果

经调查，客户反映情况属实。工作人员责任心不强，在系统中录入错误账务联系人信息，后期客户要求退费期间不能积极改正错误，造成客户依然长期收到错误的催费短信，引发投诉。现供电公司工作人员已将错缴的200元电费退还给客户，并向客户赔礼道歉。

违规条款

违反《国家电网公司供电服务规范》第二章第四条第五款："熟知本岗位的业务知识和相关技能，岗位操作规范、熟练，具有合格的专业技术水平。"

暴露问题

（1）工作人员责任心不强，在系统中录入错误账务联系人信息，造成营业厅查询客户户号错误，导致客户错缴电费的情况。

（2）工作人员处理客户问题不积极，服务意识欠缺，未执行首问负责制，长期无视客户诉求，存在严重失职情况。

考核处理

根据《国家电网公司供电服务奖惩规定》对相关责任人做出以下考核处理：

（1）对主要责任人邓某通报批评，经济处罚 2000 元。

（2）对次要责任人王某通报批评，经济处罚 1000 元。

规避投诉要点

（1）定期核对客户基础信息，发现错误及时纠正。

（2）本岗熟悉位工作流程，及时处理客户诉求。

案例 14 催缴垫付去拉闸，服务规范丢一旁

事件经过

客户反映工作人员在客户家中催收电费时，威胁客户不交钱就停电，并把客户电能表下的开关拉开，客户表示不满。

调查结果

经调查，客户反映情况确实存在。因客户欠费，电工为其垫付电费。后电工到客户家收取垫付的电费，客户要求工作人员出示垫付凭证，争论过程中电工将客户表下开关拉开，随即客户又自行把开关合上。因电工催费时存在不恰当行为，造成客户的不满，现已解释清楚并向客户致歉，客户已将垫付电费交给电工。

违规条款

（1）违反《国家电网公司供电服务规范》第二章第四条第五款："熟知本岗位的业务知识和相关技能，岗位操作规范、熟练，具有合格的专业技术水平。"

（2）违反《国家电网公司供电服务规范》第二章第四条第二款："真心实意为客户着想，尽量满足客户的合理要求。对客户的咨询、投诉等不推诿、不拒绝、不搪塞，及时、耐心、准确地给予解答。"

（3）违反《国家电网有限公司员工服务"十个不准"》（修订版）第一条："不准违规停电、无故拖延检修抢修和延迟送电。"

暴露问题

工作人员与客户沟通过程服务意识淡薄，态度不好，为了催费拉下客户侧开关引起停电，造成事件升级。

工作人员对催缴费工作风险不了解，垫付电费投诉风险极大，需加强对费控系统的掌握。

考核处理

根据《国家电网公司供电服务奖惩规定》，对相关责任人做出以下考核处理：

（1）对主要责任人王某通报批评，经济处罚 2000 元。

（2）对次要责任人供电所所长赵某通报批评，经济处罚 1000 元。

规避投诉要点

（1）组织开展服务技巧培训，规范催费停电流程。

（2）加强智能用电推广，对费控操作系统集中培训。

案例 15 欠费复电超时限，服务意识待加强

事件经过

客户反映因欠费导致停电，结清电费已超过 24h，仍未恢复供电。

调查结果

经调查，客户反映情况属实。客户缴费后系统未自动复电，工作人员也未及时筛查系统内欠费停电客户，导致送电时间超过 24h。

违规条款

（1）违反《国家电网公司供电服务规范》第二章第四条第五款："熟知本岗位的业务知识和相关技能，岗位操作规范、熟练，具有合格的专业技术水平。"

（2）违反《国家电网有限公司员工服务"十个不准"》（修订版）第一条："不准违规停电、无故拖延检修抢修和延迟送电。"

暴露问题

工作人员工作责任心不强，在系统自动复电不成功情况下，不能及时发现问题、解决问题。

考核处理

按照《国家电网公司供电服务奖惩规定》对责任人做出以下考核处理：

（1）对主要责任人焦某通报批评，经济处罚 2000 元。

（2）对次要责任人供电所所长王某通报批评，经济处罚

1000 元。

规避投诉要点

（1）熟悉复电工作流程，及时发现并处理客户诉求。

（2）加强培训，进一步提升抄催人员服务意识、工作责任心。

案例16 欠费复电不及时，电话不通致投诉

事件经过

客户反映5月30日家中欠费停电，当日即结清电费，但截至6月2日仍未恢复供电。

调查结果

经调查，客户反映情况属实。客户结清欠费后，系统在规定时间内未自动恢复供电，客户经理也未及时发现，同时6月2日客户拨打客户经理电话咨询复电问题时，又无人接听，引发投诉。

违规条款

（1）违反《国家电网公司供电服务规范》第二章第四条第五款："熟知本岗位的业务知识和相关技能，岗位操作规范、熟练，具有合格的专业技术水平。"

（2）违反《国家电网有限公司员工服务"十个不准"》（修订版）第一条："不准违规停电、无故拖延检修抢修和延迟送电。"

暴露问题

工作人员应急能力不强，在系统自动复电不成功情况下，不能及时发现问题、解决问题。

工作人员责任心不强，不能及时接听客户来电，造成事件升级。

考核处理

根据《国家电网公司供电服务奖惩规定》，对责任人做出以下考核处理：

（1）对主要责任人杜某通报批评，经济处罚 2000 元。

（2）对次要责任人武某通报批评，经济处罚 1000 元。

规避投诉要点

（1）熟悉复电工作流程，及时发现并处理客户诉求。

（2）加强培训，进一步提升抄催人员服务意识、工作责任心。

案例 17 工作疏忽未补抄，长期漏抄不应该

事件经过

7 月 19 日客户反映，家中正常用电，但 2018 年 6 月～2019 年 5 月，连续一年无抄表示数。

调查结果

经调查，客户反映情况属实。由于用电信息采集系统长时间未能成功获取数据，工作人员疏忽未及时人工补抄，导致客户家中长期无抄表数据，引发投诉。

违规条款

（1）违反《国家电网有限公司电费抄核收管理办法》第三章第二十条："严格按规定的抄表周期和抄表例日对电力客户进行抄表。抄表数据原则上必须是抄表例日当日 0 时用电计量装置冻结数据。应严格通过远程自动化抄录用电计量装置记录的数据，严禁违章抄表作业，不得估抄、漏抄、错抄。"

（2）违反《供电营业规则》第八十三条："供电企业应在规定的日期抄录计费电能表读数。"

（3）违反《国家电网有限公司电费抄核收管理办法》第三章第三十一条第三款："连续出现三个抄表周期采集失败（手工抄表）的电力客户，应安排不同的工作人员对抄表示数进行复核。"

暴露问题

工作人员责任心不强，工作随意，未按规范开展抄录工作，导致长期漏抄。

稽查管理存在疏漏，对员工规范化抄表作业监督不力，没有

及时发现员工在日常工作中的违规情况。

电费核算工作人员未及时梳理出长期零电量客户。

考核处理

根据《国家电网公司供电服务奖惩规定》，对责任人做出以下考核处理：

（1）对主要责任人刘某通报批评，经济处罚2000元。

（2）对次要责任人石某通报批评，经济处罚1000元。

规避投诉要点

加强对零度户的核查工作，及时现场核对，对漏抄电量进行及时补抄，开展抄催人员服务规范、工作标准和员工行为规范培训，进一步加强抄催人员服务意识、工作责任心。

案例 18　停电通知没收到，家中停电不应当

事件经过

10 月 20 日，客户投诉停电前未收到停电通知书且明确表示于 9 月份缴纳电费，但至今家中仍无电且为非智能缴费客户。

调查结果

经调查，客户反映情况属实。经项目组后台查询，有短信发送记录，经营销系统、通信营业厅调取客户电话短信记录确无 24、31 日的欠费及停电短信导致在未收到停电通知的情况下停电。客户经理查看客户没有欠费后，在没有与客户确认是否停电的情况下，将客户退出智能缴费模式，因测算余额为 0，故电能表没有自动恢复送电。现已为客户恢复供电。

违规条款

（1）违反《供电营业规则》第六十七条：“停电前三天至七天内，将停电通知书送达客户，对重要客户停电，应将停电通知报送同级管理部门；在停电前 30 分钟，将停电时间再通知客户一次，方可在规定时间实施停电。”

（2）违反《国家电网有限公司员工服务“十个不准”》（修订版）第一条：“不准违规停电、无故拖延检修抢修和延迟送电。”

暴露问题

工作人员服务意识淡薄，在没有与客户确认是否停电的情况下，将客户退出智能缴费模式，未按正常停电流程实施停电。

考核处理

按照《国网河南省电力公司供电服务“零容忍”奖惩规定》对相关责任人做出以下考核：

（1）对主要责任人客户经理刘某通报批评，经济处罚3000元。

（2）对次要责任人牛某经济处罚2000元。

（3）对主管负责人刘某经济处罚1000元。

规避投诉要点

（1）加强抄催人员培训，严格按照停电审批流程实施停电。

（2）加强用电信息采集系统停复电管控，提升费控执行成功率。

案例19 柜台交费拒收现金，推诿搪塞怠慢客户

事件经过

客户来电投诉，当日11时40分左右，到当地供电营业厅交费业务时，工作人员拒收零钱，让客户去银行换整，造成客户重复往返（查询系统中业务办理情况为：缴费方式：柜台支持现金缴纳、不支持刷卡缴纳；自助机支持刷卡缴纳，不支持现金缴纳）且客户表示之前出现过该情况，该工作人员一直存在态度不好问题，请相关部门尽快核实处理。

调查结果

经调查，该情况属实。客户办理交费业务时，因收费人员认为客户提供的零钱太多，下班去银行存钱不便，要求客户去银行换取整钱再来交费，造成客户的不满，引发投诉。

违规条款

违反《国家电网有限公司员工服务“十个不准”》（修订版）第六条：“不准漠视客户合理用电诉求，推诿、搪塞、怠慢客户。”

违反《国家电网公司供电服务规范》第二章第四条第二款：“真心实意为客户着想，尽量满足客户的合理要求。对客户的咨询、投诉等不推诿、不拒绝、不搪塞，及时、耐心、准确地给予解答。”

暴露问题

营业厅收费管理不到位，工作人员服务意识淡薄，拒绝客户零钱交费，没能站在客户立场为客户服务。

考核处理

根据《国家电网公司供电服务奖惩规定》，对责任人做出以下考核处理：

（1）对主要责任人黄某通报批评，经济处罚2000元。

（2）对次要责任人营业厅班长李某通报批评，经济处罚1000元。

规避投诉要点

（1）加强营业厅巡视巡查，及时发现问题、解决问题，避免客户投诉。

（2）提升营业厅人员素质，禁止触碰红线，做好本职工作。

案例 20　营业厅拒收交费，没有网不是理由

事件经过

客户投诉当日到营业厅交费时，营业厅人员未给其交费，告知没有网，坐在位置上玩手机。

调查结果

经调查，客户反映情况属实。客户到营业厅缴纳排灌卡费用，因系统问题无法进行交费，工作人员通过手机微信群查看是否全县均出现此问题，客户对此不满引起投诉。

违规条款

（1）违反《国家电网有限公司员工服务“十个不准”》（修订版）第六条：“不准漠视客户合理用电诉求，推诿、搪塞、怠慢客户。”

（2）违反《国家电网公司供电服务规范》第二章第四条第二款：“真心实意为客户着想，尽量满足客户的合理要求。对客户的咨询、投诉等不推诿、不拒绝、不搪塞，及时、耐心、准确地给予解答。”

暴露问题

营业厅收费管理不到位，工作人员沟通能力有限，应急处置不当，没能站在客户立场为客户服务。

考核处理

根据《国家电网公司供电服务奖惩规定》，对相关责任人做出以下考核：

（1）对主要责任人李某待岗半年，经济处罚 2000 元。

（2）对次要责任人运某通报批评，经济处罚 1000 元。

规避投诉要点

加强营业厅人员服务意识培训，提升供电服务水平，防范日常服务风险，加强监管力度。

修订营业厅人员应急机制，对特殊情况的处理标准化、流程化。禁止触碰红线，提高防控能力。

案例21 工作缺乏责任心，擅自离岗被投诉

事件经过

客户投诉，当日11时到供电营业厅办理交费业务，但直到14时43分一直无工作人员上班，经知识库查询营业时间为工作日（9：00～17：00）。

调查结果

经调查，客户反映情况属实。营业员家中有事，擅自离岗且未将家中情况向所长汇报，未及时安排临时人员值班，造成营业厅长时间无人营业，引发投诉。

违规条款

（1）违反《国家电网有限公司员工服务“十个不准”》（修订版）第八条：“不准营业窗口擅自离岗或做与工作无关的事。”

（2）违反《国家电网公司供电服务规范》第三章第十一条第八款：“当有特殊情况必须暂时停办业务时，应列示‘暂停营业’标牌。”

暴露问题

（1）营业厅工作人员责任心不强，欠缺服务意识，擅自离岗。

（2）营业厅规章制度落实不到位，工作人员工作期间长时间脱岗，未履行请假手续。

（3）营业厅管理不到位，营业厅主管未履行监管职责。

考核处理

根据《国家电网公司供电服务奖惩规定》，对责任人做出以下

考核处理：

（1）对主要责任人孙某通报批评，经济处罚2000元。

（2）对次要责任人张某通报批评，经济处罚1000元。

规避投诉要点

加强营业厅现场管理，工作人员离岗前应在工作台摆放“暂停服务”标志牌。工作人员因个人原因需要长时间离岗，需向主管履行请假手续，待批准后才可离岗。

加强营业厅工作的巡视，发现问题及时解决，避免问题升级。

案例 22 上班迟到不准点，缴费无人被投诉

事件经过

客户来电反映，当日 9 点 5 分到营业厅办理缴费业务，营业厅无人上班。

调查结果

经调查，客户反映情况属实。营业厅收费人员吴某，因上班迟到，导致客户前往营业厅办理缴费业务时，营业厅内无人办理缴费业务。

违规条款

违反《国家电网公司供电服务规范》第三章第十一条第一款："营业人员必须准点上岗，做好营业前的各项准备工作。"

暴露问题

（1）营业厅窗口服务人员责任意识不强，未按时上岗。

（2）营业厅值班管理不到位，未严格按照对外公示的营业时间营业。

考核处理

根据《国家电网公司供电服务奖惩规定》对责任人做出以下考核处理：

（1）对主要责任人吴某通报批评，经济处罚 2000 元。

（2）对次要责任人赵某通报批评，经济处罚 1000 元。

规避投诉要点

加强营业厅监控，加强营业厅窗口工作人员的值班管理，严格按照对外公示的营业时间营业。

案例23 离岗十分钟，投诉送上门

事件经过

客户反映当日11时30分到某供电营业厅缴费时，存在无人营业的情况。

调查结果

经调查，客户反映情况属实。营业厅监控视频显示，值班人员于11时28分～11时38分期间离开岗位，未安排人员替岗，引发客户投诉。

违规条款

（1）违反《国家电网有限公司员工服务“十个不准”》（修订版）第八条：“不准营业窗口擅自离岗或做与工作无关的事。”

（2）违反《国家电网公司供电服务规范》第三章第十一条第八款：“当有特殊情况必须暂时停办业务时，应列示‘暂停营业’标牌”。

暴露问题

（1）营业厅工作人员工作不规范，窗口工作人员离岗前未在工作台摆放“暂停营业”标牌。

（2）营业厅主管的监管不力，未及时发现问题和隐患，导致客户无人接洽。

考核处理

根据《国家电网公司供电服务奖惩规定》，对相关责任人做出以下考核处理：

（1）对主要责任人马某通报批评，经济处罚2000元。

（2）对次要责任人程某通报批评，经济处罚1000元。

规避投诉要点

（1）加强营业厅服务规范培训和现场管理，窗口工作人员离岗前应在工作台摆放“暂停营业”标牌。

（2）加强营业厅工作的巡视，发现问题及时解决，避免问题升级。

案例 24 开具票据不及时，客户误会引投诉

事件经过

客户在某供电所营业厅缴纳电费 200 元，未向客户提供正规完整票据或收据。

调查结果

经调查，客户反映情况属实。当日负责办理打印票据人员因公事不在供电所，未能及时给客户提供正规收费票据，当时给客户家人解释说明，并承诺次日将票据开好送到客户家中。但第二日，工作人员因疏忽忘记此事，引起投诉。

违规条款

（1）违反《国家电网有限公司员工服务“十个不准”》（修订版）第六条：“不准漠视客户合理用电诉求，推诿、搪塞、怠慢客户”。

（2）违反《国家电网公司供电服务规范》第二章第四条第五款：“熟知本岗位的业务知识和相关技能，岗位操作规范、熟练，具有合格的专业技术水平。”

暴露问题

营业厅工作人员业务不熟练，综合业务能力不强，未及时提供票据。

营业厅管理不规范，对工作人员业务技能培训欠缺，考核不到位。

考核处理

根据《国家电网公司供电服务奖惩规定》对责任人做出以下

考核处理：

（1）主要责任人孙某通报批评，经济处罚2000元。

（2）次要责任人邵某通报批评，经济处罚1000元。

规避投诉要点

（1）提高营业厅工作人员责任意识，提升营业厅工作人员的综合业务能力。

（2）加强营业厅管理，定期开展营业厅工作人员的相关培训。

案例25 再次收到错短信，客户不满意投诉

事件经过

11月3日，客户投诉9月28日向95598反映收到非自己户号的电力短信，这几天又收到该户号电量及停电信息。

调查结果

经调查，客户反映情况属实。2019年9月28日客户反映错发短信问题，9月29日工作人员经系统查询该户号下未订阅手机电力短信，因账务联系人号码绑定的是客户手机号，造成客户收到费控系统发送的短信，当时工作人员已更正了该户号的账务联系人号码。11月1日工作人员又错误地将该户号账务联系人号码修改成客户手机号并订阅电力短信，造成11月3日电费发行后客户再次收到电力短信，现已经取消电力短信并致歉。

违规条款

（1）违反《国家电网公司电力客户档案管理规定》第十八条："客户资料归档前，业务办理人员应对资料和数据的完整性、有效性进行检查。检查无误后，将纸质文档扫描上传，并移交档案管理人员归档。"

（2）违反《国家电网公司供电服务规范》第二章第四条第五款："熟知本岗位的业务知识和相关技能，岗位操作规范、熟练，具有合格的专业技术水平。"

暴露问题

（1）客户基础档案资料管理薄弱。供电公司在客户资料收集、核实、录入等环节管理质量不高、把关不严，造成系统信息错误。

（2）工作人员责任心不强，在营销系统录入账务联系人信息时，未能准确采集、核对客户信息。

考核处理

根据《国家电网公司供电服务奖惩规定》，对相关责任人做出以下考核：

（1）对主要责任人胡某通报批评，经济处罚2000元。

（2）对次要责任人许某通报批评，经济处罚1000元。

规避投诉要点

（1）完善并加强营销系统操作流程的管理，合理分配业务权限，禁止工作人员随意修改客户信息。

（2）要求客户经理对客户基础信息逐一核对，发现错误的及时更正。

案例 26 短信错发拒更正，重复往返惹投诉

事件经过

客户来电反映，因收到错误户号欠费短信，几次到当地营业厅要求更正信息，工作人员总是推三阻四，拒绝受理客户问题，致客户往返 3 次都未解决问题。

调查结果

经调查，客户反映情况属实。客户收到错误户号欠费短信后，3 次到营业厅办理更正业务，因错误户号中户名与客户同音，工作人员就要求客户自己核实后再去办理。工作人员说短信是电力系统平台发送的，不是自己发的，自己没法为客户核实，该工作人员说话态度不端正，存在明显的推诿行为。相关部门已为客户核实客户信息，取消相关短信业务。

违规条款

（1）违反《国家电网有限公司员工服务“十个不准”》（修订版）第六条：“不准漠视客户合理用电诉求，推诿、搪塞、怠慢客户”。

（2）违反《国家电网公司供电服务规范》第二章第四条第五款：“熟知本岗位的业务知识和相关技能，岗位操作规范、熟练，具有合格的专业技术水平。”

暴露问题

营业厅工作人员责任心欠缺，业务技能差，服务态度存在问题，导致客户重复往返。

考核处理

根据《国家电网公司供电服务奖惩规定》对责任人按以下规定处理，经公司领导研究：

（1）对主要责任人寇某通报批评，经济处罚 2000 元。

（2）对次要责任人杨某通报批评，经济处罚 1000 元。

规避投诉要点

提高营业厅工作人员责任意识和综合素质，及时解决客户的合理诉求，严禁推诿、搪塞、怠慢客户，造成客户重复往返。

案例27 举报信息被泄露，客户不满惹投诉

事件经过

客户通过行风热线举报他人窃电且有匿名保密要求，但是下午客户表示相关举报录音已让被举报人听取，客户对此表示不满，认为供电公司人员泄漏客户信息。

调查结果

经调查，客户反映情况属实。该客户拨打举报电话反映他人窃电，供电所工作人员为了进一步调查清楚举报事实、排查证据，在调听举报录音后未将其妥善保存，造成了该投诉。

违规条款

违反《国家电网有限公司员工服务“十个不准”》（修订版）第六条：“不准擅自变更客户用电信息，对外泄漏客户个人信息及商业秘密。”

暴露问题

（1）工作人员工作疏忽大意，导致客户信息和录音被泄漏。

（2）严重损坏了客户的利益。

考核处理

根据《国家电网公司供电服务奖惩规定》对责任人按以下规定处理：

（1）对主要责任人刘某通报批评，经济处罚2000元。

（2）对次要责任人张某通报批评，经济处罚1000元。

规避投诉要点

提升保护客户个人信息的意识，禁止泄漏客户个人信息及商业秘密。

案例 28 垫付电费要善后，引发投诉不应该

事件经过

客户投诉工作人员为其垫付电费，催费时对客户进行停电。

调查结果

经调查，客户反映情况属实。此次停电为 2019 年电工为客户垫付电费 158 元造成。工作人员告知客户，客户对该笔垫付电费产生怀疑，造成投诉。

违规条款

（1）违反《国家电网公司供电服务规范》第二章第四条第二款："真心实意为客户着想，尽量满足客户的合理要求。对客户的咨询、投诉等不推诿、不拒绝、不搪塞，及时、耐心、准确地给予解答。"

（2）违反《国家电网公司供电服务规范》第二章第四条第五款："熟知本岗位的业务知识和相关技能，岗位操作规范、熟练，具有合格的专业技术水平。"

暴露问题

（1）工作人员服务意识和沟通技巧欠缺。

（2）工作人员对客户服务细节处理不当，垫付电费前后未及时核对客户信息，采取现场或电话催费。

考核处理

根据《国家电网公司供电服务奖惩规定》对相关责任人做出以下考核：

（1）对主要责任人张某通报批评，取消年终评先资格，经济处罚 3000 元。

（2）对次要责任人班长单某通报批评，经济处罚 2000 元。

（3）对主管负责人李某通报批评，经济处罚 1000 元。

规避投诉要点

（1）增强对业务知识的学习、培训、考核，完善工作人员的服务行为规范。

（2）定期组织全体工作人员对工作中遇到的问题进行归纳总结，全面提升业务水平与工作能力。

（3）严格贯彻落实抄核收管理规则要求，充分利用技术手段对抄表数据复核，对业务执行情况开展常态稽查检查工作。

案例 29 客户欠费及时催，垫付电费要慎重

事件经过

客户反映工作人员未经允许为其垫付2019年12月份电费，工作人员和其妻子联系，告知确实因垫付电费未缴纳给其断电，客户不认可。

调查结果

经调查，客户反映情况属实。电工到客户家中收取为其垫付的2019年12月份陈欠电费，客户妻子对此不认可，沟通时电工表述不清楚，语气不当，造成投诉。现已为客户解释清楚且客户已补交垫付金额。

违规条款

（1）违反《国家电网公司供电服务规范》第二章第四条第二款："真心实意为客户着想，尽量满足客户的合理要求。对客户的咨询、投诉等不推诿、不拒绝、不搪塞，及时、耐心、准确地给予解答。"

（2）违反《供电营业规则》第六十七条："停电前三天至七天内将停电通知书送达客户，对重要客户停电，应将停电通知报送同级管理部门；在停电前30分钟，将停电时间再通知客户一次，方可在规定时间实施停电。"

暴露问题

工作人员规章制度执行不严，在服务意识、工作态度等方面有待提高。

工作人员缺乏沟通技巧，缺乏主动服务意识，未能及时与客

户解释沟通清楚。

考核处理

根据《国家电网公司供电服务奖惩规定》，对相关责任人做出以下考核处理：

（1）给予主要责任人客户经理郭某通报批评，经济处罚2000元。

（2）给予次要责任人所长张某通报批评，经济处罚1000元。

规避投诉要点

（1）严格按照欠费及催缴费流程进行催缴，对确需实施停电催费的欠费客户，应严格按照停电审批流程实施停电。

（2）加强用电信息采集系统停复电管控，提升费控执行率。

（3）强化工作人员责任心，大力提高服务意识和沟通技巧。

案例30 沟通能力要提升，服务意识紧跟上

事件经过

4月12日20时51分，客户报修一户无电。工单回复内容为：经核实属于客户内部故障，已于4月12日22时恢复送电。22时10分客户再次来电投诉，工作人员与其联系告知垫付电费，并称不给钱就不送电，存在威胁客户的情况。客户对未接到任何通知被停电不认可。

调查结果

经调查，客户反映情况属实。在接到客户报修后，工作人员立即赶赴现场，经核查，客户家中停电原因为家中内部故障，已告知客户并协助客户进行故障消除恢复供电。随后工作人员告知客户2019年10、11月存在用电未及时交费，由工作人员垫付的情况，客户对此产生异议，随即投诉。

违规条款

违反《国家电网公司供电服务规范》第二章第四条第二款："真心实意为客户着想，尽量满足客户的合理要求。对客户的咨询、投诉等不推诿、不拒绝、不搪塞，及时、耐心、准确地给予解答。"

暴露问题

工作人员缺乏沟通技巧，言行不规范，引发客户不满，引起投诉。

考核处理

根据《国家电网公司供电服务奖惩规定》，对相关责任人做出

以下考核处理：

（1）对主要责任人马某通报批评，经济处罚 2000 元。

（2）对次要责任人所长张某通报批评，经济处罚 1000 元。

规避投诉要点

（1）工作人员应提高服务风险预防意识，强化责任心，使服务规范落到实处，提高服务水平。

（2）在与客户沟通时要及时了解客户用意，并进行积极地引导，避免发生争执引发客户不满。

案例31 欠费客户需追踪，服务意识要提高

事件经过

客户在12时39分来电反映一户没电。13时25分，客户再次来电投诉，抢修人员告知是欠费停电，经系统查询11月26日已给客户复电，现并不欠费，客户要求赔偿家中冰箱损坏物品。

调查结果

经调查，客户反映情况属实。客户报修后工作人员现场检查判断为欠费停电，客户在11月26日结清电费后，用电信息采集系统远程送电未成功，因台区经理未发现，也未进行现场掌机复电操作，导致客户家中一直未送电。现已和客户协商对冰箱内损失物品进行赔偿，并恢复供电。

违规条款

（1）违反《国家电网公司供电服务规范》第二章第四条第五款："熟知本岗位的业务知识和相关技能，岗位操作规范、熟练，具有合格的专业技术水平。"

（2）违反《供电营业规则》第六十七条："停电前三天至七天内将停电通知书送达客户，对重要客户停电，应将停电通知报送同级管理部门；在停电前30分钟，将停电时间再通知客户一次，方可在规定时间实施停电。"

暴露问题

工作人员责任心不强，工作疏忽大意，对于客户的信息未能做到准确核对，服务不规范，没有及时耐心地与客户做好沟通询问，造成客户诉求升级为投诉。

考核处理

根据《国家电网公司供电服务奖惩规定》对相关责任人做出以下考核处理：

（1）对主要责任人客户经理张某通报批评，经济处罚 2000 元。

（2）对低压抄表班班长李某通报批评，经济处罚 1000 元。

规避投诉要点

（1）定期组织开展培训，加强人员责任心，规范服务行为，提升客户满意度。

（2）增强工作人员的服务意识和综合业务能力，避免问题升级。

案例 32　处理问题欠考虑，引发投诉教训深

事件经过

客户投诉到营业厅查询自家户号，没有查询到任何信息，请相关部门尽快核实处理。

调查结果

经调查，客户反映情况属实。因客户长期在外地工作，在村内有两处住宅，其中一处住宅已有两年左右没有用电。未经客户同意将客户系统内销户，但现场表计正常计数，客户家中供电正常。

违规条款

违反《国家电网公司供电服务规范》第二章第四条第二款：“真心实意为客户着想，尽量满足客户的合理要求。对客户的咨询、投诉等不推诿、不拒绝、不搪塞，及时、耐心、准确地给予解答。”

暴露问题

工作人员主动服务意识淡薄，缺乏沟通技巧，未经客户同意私自销户，造成客户投诉。

考核处理

根据《国家电网公司供电服务奖惩规定》规定，对责任人做出以下考核处理：

（1）对主要责任人王某通报批评，经济处罚 2000 元。

（2）对次要责任人张某通报批评，经济处罚 1000 元。

规避投诉要点

要站在客户的角度服务客户，尽量解决客户合理诉求。

案例33　新装业务乱收费，利用工作谋私利

事件经过

客户来电反映，5月初到当地营业厅办理低压非居民新装业务，负责所在区域的电工为其装表时，收取电能表以上电线费用600元。同时，表示电工为邻居安装电能表时，收取电能表上线费用500元。

调查结果

经调查，客户反映情况属实。已责令电工将收取客户的费用退还，并对相关责任人进行了严肃处理。

违规条款

（1）违反《国家电网有限公司员工服务“十个不准”》（修订版）第二条：“不准违反政府部门批准的收费项目和标准向客户收费。”

（2）违反《国家电网公司供电服务规范》第二章第五条第四款：“严格执行国家规定的电费电价政策及业务收费标准，严禁利用各种方式和手段变相扩大收费范围或提高收费标准。”

暴露问题

（1）管理机制缺失，对员工的服务行为监督不力，工作人员私自收取安装费用，给供电企业公平、公信的形象造成不良影响。

（2）工作人员红线意识淡薄，工作责任心不强，规章制度执行不严，服务规范、工作标准、员工行为规范执行不到位。

考核处理

根据《国网河南省电力公司供电服务“零容忍”考核实施意

见》对责任人做出以下考核处理：

（1）对主要责任人付某通报批评，调整岗位，待岗 1 年，经济处罚 3000 元。

（2）对次要责任人所长梁某通报批评，调整岗位，取消班组年度评选资格，经济处罚 2000 元。

（3）对责任部门分管负责人单某通报批评，调整岗位，取消部门年度评选资格，经济处罚 1000 元。

（4）对责任部门负责人张某通报批评，调整岗位，取消部门年度评选资格，经济处罚 1000 元。

（5）对责任单位分管负责人徐某通报批评，经济处罚 1000 元。

规避投诉要点

（1）开展乱收费问题排查，加大明察暗访力度，提前防控投诉的发生。

（2）加强工作人员职业道德培训，加大外部监督和内部管控，避免发生违规收费。

第二节　优质服务案例

案例 1　疫情中逆行而上，保群众春灌用电

案例提要

2020 年 2 月，某供电所工作人员顶寒风冒疫情走近村庄，走到村庄疫情防疫卡口点将村民的浇地电卡带回供电所进行充值。

案例分类

充值缴费。

服务过程

新冠肺炎疫情防控期间，春灌工作开展过程中，为保障正常的农业生产用电有序进行，供电所的工作人员积极主动与乡政府沟通联系，确保村民浇地的电卡能够及时充值，正常进行春灌。村民可提前将需要充值的春灌电卡放到村疫情防疫卡口并拨打连心卡上的服务电话就能完成充值工作，确保春灌工作顺利开展。

取得效果

供电所工作人员逆行而上，认真履责，受到社会的一致认可和村民的好评，树立了供电服务正面形象。

案例点评

打通服务的“最后环节”，通过供电服务连心卡建立起服务桥梁，有效地解决了疫情防控期间村民浇地卡充值问题，使供电服务落到了实处。

案例 2 主动对接免跑趟，优质服务获“三赢”

案例提要

社区“双替代”户进行采暖季专项补贴登记发放，大量客户有打印清单明细需求，营业厅人员开通绿色通道，主动服务，获得三赢。

案例分类

营业厅服务。

服务过程

随着供暖季结束，社区开始进行“双替代”户采暖季专项补贴登记，涉及 10 个办事处及社区共 1700 多户居民，社区通知居民自行前往供电公司打印电费清单。

营业厅考虑到客户户数多，涉及范围广且办理时间较为集中。营业厅主动与社区及办事处对接，为其开通绿色通道，收集“双替代”户清单，在不影响为其他客户办理业务的情况下，进行合理分工、集中办理，在最短时间内为其办理完毕，免去居民客户往返社区、营业厅的烦恼，让客户顺利享受电采暖补贴政策。社区及办事处的工作人员对营业厅工作人员优质高效的服务竖起了大拇指。

取得效果

营业厅主动对接社区及办事处获取客户清单，打印用电明细，既有效避免了营业厅人数激增造成的秩序混乱，维持了营业厅的正常运转，又方便了辖区内居民客户办理采暖季专项补贴，客户免于营业厅、社区之间往返，同时也给社区及办事处高效完成采暖季专项补贴登记工作提供了有力支撑，受到了社区、办事处和广大客户的认可和赞赏，真正做到了“人民电业为人民”。

案例点评

“双替代”是一项重要的民生工程、环保工程，可大量减少有害气体的排放。全国近年来大力推进“双替代”供暖工程，涉及客户群体非常多。该案例中供电公司针对“双替代”办理时间较为集中且客户数较多的特点，主动与社区及办事处对接，获取打印清单客户明细，有效避免营业厅人员聚集，减少客户跑趟次数。通过“主动服务”，在确保营业厅正常运转的同时，让“获得电力”更轻松，架起与客户之间的“连心桥”，真正做到客户满意、政府放心。新形势下，各企业和广大电力客户对供电服务的深度、广度和质量提出了更高要求，这就需要工作人员始终以客户需求为中心，在国家法律法规和公司规章制度的范围下，以“一次办好”为服务理念和目标，以精心用心的服务满足企业用电需求和人民生活需求，打通用电服务“最后一公里”，践行“人民电业为人民”的企业宗旨，彰显央企社会责任担当。

案例3 “延时服务”获称赞，服务客户无小事

案例分类

营业厅服务。

案例提要

为满足客户需求，加班加点干工作。

服务过程

下午4时50分，某营业厅接到客户来电说：刚看到手机上发布，幼儿园招生要求，明天早上8时开放报名通道，提供户口与房产信息的同时还要近期3个月的电费收据。工作人员立即把此事反映给营业厅班长，班长根据往年该幼儿园的报名情况，启动营业厅应急预案。通过微信发布“网上国网”App电子发票打印步骤，同时开放5个打票窗口，通过三个小时的加班，打印电费收据近300份，避免客户因为没有电费收据影响孩子报名。

这只是供电营业厅优质服务的一个缩影。该营业厅实施无周休、无午休、无节假日上班制，为客户提供“延时服务”，对客户的业务要求严禁搪塞、推诿和怠慢，使客户感受到供电服务的方便快捷，履行公司社会责任，赢得客户好评，树立良好社会形象。

取得效果

履行社会责任，赢得客户好评。

案例点评

营业厅值班人员敏感意识强,处理得当。能够做到快速响应，积极处理，启动应急预案。通过多方面、多渠道宣传“网上国网”App。赢得客户好评、树立良好的社会形象。

案例 4 主动服务暖人心，客户满意得好评

案例提要

2020 年 1 月 25 日，疫情防控期间某供电所抢修人员接到供电服务指挥的接派工作后，赶赴现场帮助客户排除故障，恢复供电。

案例分类

故障抢修。

服务过程

2020 年 1 月 25 日 10 时 07 分，接到客户报修，值班员第一时间联系所属辖区供电所的工作人员。工作人员张某接到电话做好个人防护，拿起工器具随即与孙某一起赶赴故障现场。因疫情防控期间，抢修区域被封堵，张某在赶赴现场的路上与客户沟通解释，了解该地的封堵与疫情情况，并及时的安抚好客户情绪。10 时 32 分，经村委的协助到达故障现场。工作人员认真排查后确认供电公司线路一切正常，是由于客户内部线路老化引起的停电，产权属于客户所有，需要由客户自行处理。因在疫情的特殊时期，工作人员主动帮助客户处理好故障，恢复了供电。

取得效果

供电所抢修人员逆行而上，认真履责，受到用电客户的一致好评，提升客户满意度，树立了企业的良好形象。

案例点评

供电企业以客户为中心，抢修人员在落实本责的同时，又积极响应主动服务，大力提升了客户的满意度，提高了公司的良好形象。

第六章
生产建设类案例

第一节　典型案例

案例 1　频繁停电惹人恼，客户投诉跑不了

事件过程

客户首次来电投诉频繁停电问题。多日后再次投诉近两个月内停电 9 次。

调查结果

经调查，客户反映情况属实。实际停电 7 次，其中 1 次低压故障因过负荷电缆中间接头烧坏导致，4 次低压故障因线路跳闸导致，1 次低压故障因过负荷连接线断线导致，1 次因配电网改造计划停电。已采取加强线路台区设备巡视，对发现隐患及时消缺，提高供电可靠性等改进措施。

违规条款

违反《供电营业规则》第五十七条："供电企业应不断改善供电可靠性，减少设备检修和电力系统事故对用户的停电次数及每次停电持续时间。供用电设备计划检修应做到统一安排。供电设备计划检修时，对 35kV 及以上电压供电的用户的停电次数，每年不应超过一次；对 10kV 供电的用户，每年不应超过三次。"

暴露问题

（1）公用台区变压器、线路巡视维护、消缺、隐患排查治理均不到位，在发生故障后，仍未及时消除隐患，造成频繁停电。

（2）相关部门对频繁停电事件缺乏服务意识及工作敏感性，未及时采取处理措施，造成重复投诉事件发生。

考核处理

根据《国家电网公司供电服务奖惩规定》，对相关责任人做出考核处理如下：

（1）对主要责任人宋某经济处罚3000元，通报批评。

（2）对次要责任人余某经济处罚2000元，通报批评。

（3）对配电运检专业主管负责人经济处罚1000元，通报批评。

规避投诉要点

（1）对于频繁停电高发区域加强线路设备检修维护或优先列入改造计划，提高供电可靠性。

（2）做好计划停电前告知及宣传工作，故障停电，客户经理做好停电后现场安抚工作，充分利用95598供电服务平台及时发布停电信息，对停电范围内的客户发送短信告知，客户经理利用客户服务微信群及时公布停电信息。

（3）对客户投诉应按规定时限进行调查、处理和整改，避免发生重复投诉。

案例2 管辖设备缺维护，频繁跳闸招投诉

事件经过

客户投诉近几天内每天都出现多次停电，所住单元频繁跳闸。

调查结果

经调查，客户反映情况属实。实际共5次停电，其中5次低压故障均因10月11日表箱内的漏电保护器频繁跳闸导致。供电公司存在设备维护不到位的问题，已进行更换漏电保护器处理。

违规条款

违反《供电营业规则》第五十七条："供电企业应不断改善供电可靠性，减少设备检修和电力系统事故对用户的停电次数及每次停电持续时间。供用电设备计划检修应做到统一安排。供电设备计划检修时，对35千伏及以上电压供电的用户的停电次数，每年不应超过一次；对10千伏供电的用户，每年不应超过三次。"

暴露问题

（1）对供电企业产权范围内设备维护、消缺、隐患排查治理均不到位，设备主人制执行不到位，造成频繁停电。

（2）网格化服务宣传力度不够，出现停电后客户无法联系客户经理。

考核处理

根据《国家电网公司供电服务奖惩规定》，对相关责任人做出考核处理：

（1）对主要责任人乔某经济处罚2000元，通报批评。

（2）对次要责任人郑某经济处罚1000元，通报批评。

规避投诉要点

（1）细化设备运维管理责任，严格落实设备主人制，将设备巡视管理具体到人，加强日常维护，强化考核管理。

（2）定期开展客户走访工作，及时了解客户需求，解决客户用电问题；建立供电服务微信群，主动响应客户诉求，动态发布供电信息。

（3）加强设备运维人员的主动服务意识，坚持以客户为中心的服务理念，提升服务水平，增强服务技能，保证检修质量。

案例3 计划不周停电多，配网改造背黑锅

事件过程

客户投诉该地点近两月内，出现8次停电，影响居民正常生活。

调查结果

经调查，客户反映情况属实。实际共12次停电，11次因配网改造更换下户线施工导致，1次客户家中保护器跳闸原因导致。已合理安排施工计划，及时录入停电信息；为客户更换漏电保护器，解决问题。

违规条款

违反《供电营业规则》第五十七条："供电企业应不断改善供电可靠性，减少设备检修和电力系统事故对用户的停电次数及每次停电持续时间。供用电设备计划检修应做到统一安排。供电设备计划检修时，对35千伏及以上电压供电的用户的停电次数，每年不应超过一次；对10千伏供电的用户，每年不应超过三次。"

暴露问题

（1）配电网改造施工停电随意，施工安排不合理，两个月内导致11次停电，严重影响了供电质量。

（2）相关单位、人员缺乏服务意识及投诉风险防范意识，施工管理不到位，未进行停电次数管控，发生多次停电时未采取有效的补救措施。

考核处理

根据《国家电网公司供电服务奖惩规定》对相关责任人做出

考核处理如下：

（1）对主要责任人施工人员张某经济处罚2000元，通报批评。

（2）对次要责任人施工队长彭某经济处罚1000元，通报批评。

规避投诉要点

（1）持续抓频繁停电治理，治理要进一步下沉到0.4kV客户，确保每个台区安全可靠供电，刚性执行停电计划。

（2）对台区工程施工方案优化整合，在确保配网施工任务完成的情况下，统筹安排停电计划。

案例 4 频繁停电烧电器，不予赔偿被投诉

事件经过

客户反映频繁停电造成电器损坏未处理，意见工单升级投诉，被督办，升级至 12398 投诉。

调查结果

经调查，客户反映情况属实。客户多次来电反映频繁停电造成电脑配件损坏要求赔偿。工单回复内容为客户家用电器烧坏非供电公司原因，不予赔偿。

客户随即再次投诉，工作人员核损时未进行检测，存在敷衍行为。经专业机构检测，确认电脑显卡损坏，客户对前期回单处理结果不认可，升级为 12398 投诉，被以重大服务事件进行督办，经处理给予客户赔偿。

违规条款

（1）违反《国家电网有限公司员工服务“十个不准”》（修订版）第六条：“不准漠视客户合理用电诉求，推诿、搪塞、怠慢客户”。

（2）违反《电力供应与使用条例》第三十四条：“供电企业应当按照合同约定的数量、质量、时间、方式，合理调度和安全供电。”

（3）违反《电力供应与使用条例》第四十条：“供电企业或者用户违反供用电合同，给对方造成损失的，应当依法承担赔偿责任。”

暴露问题

（1）供电公司未严格履行合同，出现供电质量问题，给对方造成损失。

(2) 相关单位、人员缺乏服务意识及投诉风险防范意识，发生供电企业原因损坏客户电器时未及时采取有效的补救措施。

考核处理

根据《国家电网公司供电服务奖惩规定》，对相关责任人做出考核处理如下：

(1) 对主要责任人王某经济处罚 2000 元，通报批评。

(2) 对次要责任人张某经济处罚 1000 元，通报批评。

规避投诉要点

对客户的合理要求，应及时进行受理。由于故障停电造成客户电器设备损坏，当客户提出索赔时，应及时到现场核实是不是供电公司责任，并按相关流程进行处理。

案例5 供电半径超范围，电压过低难满意

事件经过

客户投诉电压低有五六年时间，一年中四五个月持续电压低，影响正常生活。

调查结果

经调查，客户反映情况属实。客户房屋距变压器位置远，超出供电半径，导致供电末端在夏、冬季负荷高峰时引起低电压。

违规条款

（1）违反《电力供应与使用条例》第三十四条："供电企业应当按照合同约定的数量、质量、时间、方式，合理调度和安全供电。"

（2）违反《国家电网有限公司供电服务"十项承诺"》（修订版）第一条："电力供应安全可靠。城市电网平均供电可靠率达到99.9%。居民客户端平均电压合格率达到98.5%，农村电网平均供电可靠率达到99.8%，居民客户端平均电压合格率达到97.5%，特殊边远地区电网平均供电可靠率和居民客户端平均电压合格率符合国家有关监管要求。"

暴露问题

（1）配电网基础薄弱，随着用电负荷的增长，台区容量不足，线路设施老化，供电电压偏低，不符合设计要求等问题凸显，但相关单位未能尽快落实改造计划。

（2）相关单位、人员缺乏服务意识及投诉风险防范意识，不能想群众所想，急群众所急。

考核处理

根据《国家电网公司供电服务奖惩规定》对相关责任人做出考核处理如下：

（1）对主要责任人杨某经济处罚 3000 元，通报批评。

（2）对次要责任人易某经济处罚 2000 元，通报批评。

（3）对主管负责人孙某经济处罚 1000 元。

规避投诉要点

（1）持续抓低电压治理，加大改造力度，不断夯实电网基础。应及时将老旧台区列入改造计划，采取新增变压器、负荷分流等技术措施解决电压低问题。

（2）将低电压、频繁停电等问题列入漠视侵害客户利益问题，持续提升供电服务水平，聚焦群众最关心、最直接、最现实的利益诉求，不断改善人民群众用电体验，提高人民群众电力获得感。

案例6 谐波导致电压低，影响生活遭投诉

事件经过

客户反映近段时间电压低，电器无法使用，影响自己正常生活。

调查结果

经调查，客户反映情况属实。客户所在线路上挂接有一户专用变压器，专用变压器客户在夜间生产运行时，设备产生谐波，谐波注入电网后，引起公用变压器输出电压不稳，电压低造成客户家中电器无法正常使用。已对企业下达整改通知书，要求其停产整改，整改完毕并经有资质部门检测符合并网条件后，再恢复对其供电。

违规条款

（1）违反《电力供应与使用条例》第三十四条："供电企业应当按照合同约定的数量、质量、时间、方式，合理调度和安全供电。"

（2）违反《供电营业规则》第五十五条："电网公共连接点电压正弦波畸变率和用户注入电网的谐波电流不得超过国家标准GB/T 14549－1993《电能质量公用电网谐波》的规定。用户的非线性阻抗用电设备接入电网运行所注入电网的谐波电流和引起公共连接点电压正弦波畸变率超过标准时，用户必须采取措施予以消除，否则，供电企业可中止对其供电。"

（3）违反《供电营业规则》第五十八条："供电企业和用户应共同加强对电能质量的管理。"

暴露问题

（1）对客户用电性质认识不到位，对客户影响电能质量的设

备，未按规定监测、管理。

（2）相关单位、人员缺乏服务意识及投诉风险防范意识，发生低电压时未及时采取有效的补救措施。

考核处理

根据《国家电网公司供电服务奖惩规定》对相关责任人做出考核处理如下：

（1）对主要责任人客户经理李某经济处罚3000元，通报批评。

（2）对次要责任人所长阎某经济处罚2000元，通报批评。

（3）对主管负责人高某经济处罚1000元。

规避投诉要点

（1）供电服务人员应熟悉客户用电性质，对客户影响电能质量的设备按规定监测、管理。

（2）将低电压、频繁停电等问题列入漠视侵害客户利益问题，持续提升供电服务水平，聚焦群众最关心、最直接、最现实的利益诉求，不断改善人民群众用电体验，提高人民群众电力获得感。

案例 7　线路老化久未改，用电客户心不安

事件经过

客户投诉长期电压低，大部分低压线路老化，外皮脱落，有的线路落地存在安全隐患。多次向当地供电公司反映一直未解决。近日农忙季节急需用电，请相关部门尽快处理。

调查结果

经调查，客户反映情况属实。该台区低压线路状况差、线径细、供电半径过长、一直未改造等原因导致该台区出现季节性低电压问题。目前已对该台区实施改造，问题得到解决。

违规条款

（1）违反《电力供应与使用条例》第三十四条："供电企业应当按照合同约定的数量、质量、时间、方式，合理调度和安全供电。"

（2）违反《国家电网有限公司供电服务"十项承诺"》（修订版）第一条："电力供应安全可靠。城市电网平均供电可靠率达到99.9%。居民客户端平均电压合格率达到98.5%；农村电网平均供电可靠率达到99.8%，居民客户端平均电压合格率达到97.5%；特殊边远地区电网平均供电可靠率和居民客户端平均电压合格率符合国家有关监管要求。"

暴露问题

（1）相关单位对该台区设备、线路存在的安全隐患等巡查不到位。

（2）该台区设备老化、线径细等情况造成电压低，相关单位未能尽快落实改造计划。

考核处理

根据《国家电网公司供电服务奖惩规定》对相关责任人做出考核处理如下：

（1）对主要责任人管某经济处罚 3000 元，通报批评。

（2）对次要责任人所长王某经济处罚 2000 元，通报批评。

（3）对主管负责人高某经济处罚 1000 元。

规避投诉要点

（1）加强日常巡视，及时发现和排查台区设备、线路存在的安全隐患，确保安全供电。

（2）持续抓低电压治理，加大改造力度，不断夯实电网基础。及时将老旧台区列入改造计划，采取新增变压器、调整三相负荷平衡、更换导线等技术措施解决电压低问题。

案例 8　抢修服务态度差，故障报修引投诉

事件经过

客户拨打 95598 故障报修，抢修人员联系客户时态度恶劣，客户拨打 95598 进行投诉。

调查结果

经调查，客户投诉属实。客户拨打 95598 故障报修，抢修人员联系客户："怎么拨打 95598？为啥不拨打台区经理电话和当地报修电话"，客户回答"因家中孩子正写作业，急需用电，需要尽快处理"，抢修人员答复："在家等着吧，我们这会过不去，怪就怪你拨打 95598"。给客户造成不良感知，造成故障报修升级为投诉。

违规条款

（1）违反《国家电网公司供电服务规范》第二章第四条第二款："真心实意为客户着想，尽量满足客户的合理要求。对客户的咨询、投诉等不推诿、不拒绝、不搪塞，及时、耐心、准确地给予解答。"

（2）违反《国家电网有限公司员工服务"十个不准"》（修订版）第六条："不准漠视客户合理用电诉求，推诿、搪塞、怠慢客户"。

暴露问题

抢修人员服务意识淡薄，风险意识差。语气恶劣、强硬，引起客户不满，造成故障报修升级为投诉。

考核处理

根据《国家电网公司供电服务奖惩规定》对相关责任人做出以下考核处理：

（1）对主要责任人经济处罚 2000 元，通报批评。

（2）对次要责任人经济处罚 1000 元，通报批评。

规避投诉要点

开展抢修人员服务意识、服务规范培训，提高沟通协调能力，避免投诉发生。

案例 9 抢修现场态度差，搪塞敷衍引投诉

事件经过

客户拨打电话报修，抢修人员告知无配件无法维修，造成投诉。

调查结果

经调查，客户投诉属实。客户电话反映家中无电，抢修工作人员到达现场，发现设备故障没有相关配件，告知客户："今天没有配件，修不了，明天再修"，没有维修故障便离开，客户表示不满，拨打 95598 进行投诉。

违规条款

违反《国家电网有限公司供电服务"十项承诺"》（修订版）第三条："快速抢修及时复电。提供 24 小时电力故障报修服务，供电抢修人员到达现场的平均时间一般为：城区范围 45 分钟，农村地区 90 分钟，特殊边远地区 2 小时。到达现场后恢复供电平均时间一般为：城区范围 3 小时，农村地区 4 小时。"

暴露问题

（1）常用配品备件准备不足，抢修人员未快速抢修及时复电，引起客户不满，造成投诉。

（2）服务意识不强，沟通技巧欠缺，没有站在客户立场解决问题。

考核处理

根据《国家电网公司供电服务奖惩规定》对相关责任人做出以下考核处理：

（1）对主要责任人经济处罚 2000 元，通报批评。

（2）对次要责任人经济处罚 1000 元，通报批评。

规避投诉要点

（1）在抢修高峰期，及时补充完善配品配件的数量，做到应修必修。

（2）提高抢修人员服务意识，及时解决客户诉求。

案例 10　工单回复未核对，前后不一引投诉

事件经过

客户小区停电后，拨打当地报修电话，工作人员告知客户高压电缆因外力破坏导致故障停电，停电未恢复情况下客户收到回访短信，短信内容显示小区停电原因为内部故障，客户表示不满。

调查结果

经调查，客户投诉属实。因工作人员回单错误，使得客户前后得到的停电解释不一致，造成投诉。

违规条款

违反《国家电网公司供电服务规范》第二章第四条第五款："熟知本岗位的业务知识和相关技能，岗位操作规范、熟练，具有合格的专业技术水平。"

暴露问题

回单人员业务技能不熟练，工作粗心大意，导致工单回复错误。

考核处理

根据《国家电网公司供电服务奖惩规定》，对相关责任人做出以下考核处理：

（1）对主要责任人经济处罚 2000 元，通报批评。

（2）对次要责任人经济处罚 1000 元，通报批评。

规避投诉要点

增强回单人员工作责任心，加强业务能力培训，提高工作准确度。

案例 11　到达现场超时限，故障升级遭投诉

事件经过

客户两次拨打 95598 报修单户停电，均无抢修人员到达现场，超出承诺时限且报修期间抢修人员告知客户稍后会去处理，不让客户拨打 95598 电话。客户表示不满投诉，并第四次拨打 95598 催办。

调查结果

经调查，客户投诉属实。工作人员正在其他现场进行抢修工作，导致未能在规定时限内及时到达现场。

违规条款

违反《国家电网有限公司供电服务“十项承诺”》（修订版）第三条：“快速抢修及时复电。提供 24 小时电力故报修服务，供电抢修人员到达现场的平均时间一般为：城区范围 45 分钟，农村地区 90 分钟，特殊边远地区 2 小时。到达现场后恢复供电平均时间一般为：城区范围 3 小时，农村地区 4 小时。”

暴露问题

（1）工作人员没有按照规定时限到达现场。

（2）工作人员沟通能力欠缺，在其他工作未完成情况下，没有获得客户谅解。

考核处理

根据《国家电网公司供电服务奖惩规定》对相关责任人做出以下考核处理：

（1）对主要责任人经济处罚 2000 元，通报批评。

（2）对次要责任人经济处罚 1000 元，通报批评。

规避投诉要点

提高抢修工作人员风险防范能力，若因现场抢修无法安排，应与客户沟通获得客户谅解后，约定抢修时间。

开展抢修人员服务意识、服务规范培训，提高沟通协调能力，避免投诉发生。

案例12 施工废弃未清理，违诺不满遭投诉

事件经过

客户拨打95598反映抢修结束后有废弃线杆未及时清理，抢修人员承诺3月29日前彻底处理完成，但至今仍未解决，客户表示不满。

调查结果

经调查，客户投诉属实。因原施工人员已到外地施工，造成该问题未按承诺时间处理，现已将废弃线杆清理完毕。

违规条款

违反《国家电网公司供电服务规范》第五章第十七条第八款："现场工作结束后，应立即清扫，不能留有废料和污迹，做到设备、场地清洁；同时应向客户交代有关注意事项，并主动征求客户意见。电力电缆沟道等作业完成后，应立即盖好所有盖板，确保行人、车辆通行。"

暴露问题

（1）工作人员现场抢修结束后没有立即清扫，留有废料。

（2）工作人员未在承诺客户时间节点完成现场清扫。

考核处理

根据《国家电网公司供电服务奖惩规定》对相关责任人做出以下考核处理：

（1）对主要责任人经济处罚2000元，通报批评。

（2）对次要责任人经济处罚1000元，通报批评。

规避投诉要点

（1）现场工作应严格按照工作流程，立即清扫，不能留有废料和污迹，做到设备、场地清洁。

（2）抢修工作人员增强工作责任心，按照承诺时间节点完成相关工作。

案例13 施工承诺未兑现，意见工单引投诉

事件经过

某客户反映施工人员砍伐客户树木，赔偿款项承诺未兑现。

调查结果

经调查，客户反映情况属实。客户两次来电反映该地点进行高压架线施工，造成客户20棵树被砍伐，供电公司未与其协商赔偿问题。施工单位回复，因施工队前期施工任务较多，目前正在清算赔偿款项，预计7月23日彻底处理。9月12日，客户再次来电投诉，该问题未给予赔偿。因施工队负责人生病住院导致赔付时间推迟，承诺未兑现，目前已将赔付款赔付给客户。

违规条款

（1）违反《国家电网有限公司员工服务“十个不准”》（修订版）第六条：“不准漠视客户合理用电诉求，推诿、搪塞、怠慢客户”。

（2）违反《国家电网公司供电服务规范》第十七条第六款：“如在工作中损坏了客户原有设施，应尽量恢复原状或等价赔偿。”

暴露问题

（1）缺乏服务观念，推诿、搪塞客户，客户反映问题未及时得到解决，引发客户投诉。

（2）施工单位缺乏敏感意识，对客户合理诉求不重视。

（3）施工单位财务制度执行不力，施工管理混乱。

考核处理

根据《国家电网公司供电服务奖惩规定》对相关责任人做出

以下考核处理：

（1）对施工单位经济处罚10000元，通报批评。

（2）对施工队负责人经济处罚2000元，通报批评。

规避投诉要点

（1）加大对施工队伍管控力度，对出现服务投诉的施工队伍实施积分管理和黑名单制度。

（2）施工前签订赔偿协议，施工过程中损害客户利益时，应及时与客户沟通并处理，防止应赔偿事宜引起投诉。

案例14　施工现场未清理，引发投诉真不该

事件经过

客户投诉当地进行电力施工结束后，废弃电杆未及时清理，影响客户耕种。

调查结果

经调查，客户反映情况属实。客户所在地架设高压线路，工程结束后，在客户的田地中遗留电杆2根，未及时清理现场，导致客户无法耕种。现已把客户田地中遗留电杆拖走。

违规条款

违反《国家电网公司供电服务规范》第五章第十七条第八款："现场工作结束后，应立即清扫，不能留有废料和污迹，做到设备、场地清洁；同时应向客户交代有关注意事项，并主动征求客户意见。电力电缆沟道等作业完成后，应立即盖好所有盖板，确保行人、车辆通行。"

暴露问题

（1）施工单位规章制度执行不严，现场施工管理混乱。

（2）施工单位服务意识淡薄，工作责任心不强，漠视客户利益，妨碍客户正常生产生活。

考核处理

根据《国家电网公司供电服务奖惩规定》对相关责任人做出以下考核处理：

（1）对施工单位经济处罚5000元，通报批评。

（2）对施工队负责人经济处罚1000元，通报批评。

规避投诉要点

（1）加大对施工队伍管控力度，对出现服务投诉的施工队伍实施积分管理和黑名单制度。

（2）加强施工队伍管理，提高工作规范性，文明施工、规范作业，施工结束后，及时清理现场，防止损害客户利益现象发生。

案例 15　设备位置不合理，承诺未现引投诉

事件经过

8 月 24 日客户来电反映，要求移走供电企业产权的线杆，供电所回复，线杆已移走。8 月 30 日客户再次来电，投诉线杆仍未移走。

调查结果

经调查，客户反映情况属实。供电企业产权的线杆占据客户宅基地，影响客户建房，8 月 24 日客户向 95598 热线电话来电反映，供电所工作人员张某答复第二天将电杆移走，并将工单按已处理回复。但供电所人员疏忽，未及时处理，导致客户反映的问题未得到解决，升级投诉。现已安排相关人员进行电杆迁移工作。

违规条款

（1）违反《国家电网有限公司员工服务“十个不准”》（修订版）第六条：“不准漠视客户合理用电诉求，推诿、搪塞、怠慢客户”。

（2）违反《国家电网公司供电服务奖惩规定》服务渠道类：“未按规定核实处理投诉、举报等诉求，弄虚作假、刻意隐瞒违规服务行为。”

暴露问题

（1）供电所人员服务意识淡薄，工作责任心不强，对客户服务诉求不能积极响应。

（2）供电所工作人员，言行过于随意，对客户违诺。

（3）供电所规章制度执行不严，工单回复造假。

考核处理

根据《国家电网公司供电服务奖惩规定》对相关责任人做出以下考核处理：

（1）对主要责任人张某经济处罚3000元，通报批评。

（2）对次要责任人供电所长许某经济处罚2000元，通报批评。

（3）对主管负责人经济处罚1000元，通报批评。

规避投诉要点

（1）加大对供电所员工供电服务知识和技能培训，树立以客户为中心的服务理念。

（2）加强供电所规章制度宣贯，严禁出现违规造假现象发生。

案例 16　农网改造有遗漏，客户不满引投诉

事件经过

9 月 26 日客户拨打 95598 核实自家地址是否为农网改造范围，9 月 27 日，客户再次拨打 95598 投诉该村实施农网改造，将自家遗漏。

调查结果

经调查，客户反映情况属实。2019 年 6 月推进整村电网改造工程，2018 年规划时，该客户租用的养殖场为废弃状态，未纳入改造计划，2019 年农网改造过程中，客户启用了养殖场，并提出对该养殖场进行改造的需求，供电所因其未列入改造计划拒绝改造，客户不满，拨打 95598 反映自家地是否为农网改造范围，台区经理王某与客户沟通解释不到位，未积极处理客户问题，造成客户投诉。投诉后已采取为客户重新报装的措施，解决客户问题。

违规条款

违反《国家电网有限公司员工服务“十个不准”》（修订版）第六条：“不准漠视客户合理用电诉求，推诿、搪塞、怠慢客户”。

暴露问题

（1）供电所工作人员服务意识淡薄，工作责任心不强，出现问题沟通解释不到位，对客户诉求不重视，未能及时主动帮助客户解决问题。

（2）供电所工作人员开拓市场意识不强，用户用电需求未满足。

（3）供电所对农网改造政策执行不到位，供电能力不能满足

客户需求，不能得到有效解决。

考核处理

根据《国家电网公司供电服务奖惩规定》对相关责任人做出以下考核处理：

（1）对主要责任人台区经理王某经济处罚3000元，通报批评。

（2）对次要责任人供电所长张某经济处罚2000元，通报批评。

（3）对发展建设部主管负责人章某经济处罚2000元，通报批评。

（4）对营销部主管负责人何某经济处罚1000元，通报批评。

规避投诉要点

（1）加大对农网改造政策宣传力度，乡村两级组织积极参与，把惠民政策做好。

（2）加强供电所工作人员的规范管理，强化一线服务人员的主动服务意识，坚持以客户为中心的服务理念，切实提高服务水平。

（3）加大优质服务监督力度，认真落实投诉考核，促进供电服务整体水平有效提升。

第二节 优质服务案例

案例 1 突发故障引停电，危机处置获称赞

案例提要

供电所在突发故障停电时，多方协同配合，开展危机处置，迅速恢复供电，确保舆情平稳，避免客户投诉。

案例提要

供电抢修。

服务过程

7 月 22 日 8 时 10 分，某县某区域突然停电，多个小区居民用电受到影响。当地供电所所长接到调度中心电话后立刻启动应急预案，立即向 95598 供电服务指挥中心报备，供电服务指挥中心及时发布停电信息，对停电范围内的客户发送短信告知，供电所派出值班抢修小组巡查线路开展故障排查，所长迅速回到工作岗位组织调度，客户经理迅速到停电现场做群众安抚工作，利用客户服务微信群及时公布停电信息。客户经理发现不少居民因家中炎热难耐聚集在街头，情绪激动，表示对供电公司进行投诉。供电所所长了解到现场情况后，也立刻赶往现场。“各位，供电所正在全力寻找故障点，我们已经在各个小区和街道居委会的电力服务微信群里发布了故障停电信息，之后我们也会把停电原因、抢修进度及预计送电时间发在微信群里，方便大家随时了解情况。请放心我们会尽快恢复供电。”群众情绪这才慢慢平静下来。

经巡查发现，此次故障是由于房地产施工队野蛮施工导致电缆受损造成主线跳闸停电，供电所所长通过与调度中心积极协调，

制订转供方案，很快恢复了非故障点居民供电，减少了停电范围。供电公司高效率的工作获得了小区居民的好评。向公司领导汇报，调配工程施工人员支援和协调周边供电所提供抢修材料等，解决了抢修受损线路现场由于抢修人员不足造成的抢修进度缓慢问题，缩短了故障停电时间。经过统一指挥和抢修人员长达 5 个小时的奋战，终于修复了受损的 10kV 电缆线路。不仅没有造成舆情事件，还得到了政府部门赞赏。

取得效果

供电所在故障抢修、重要事件报备、停电信息发布、客户安抚等方面，组织有力，多方协同配合，圆满解决长时间、大面积停电事件，不但没有发生负面舆情和投诉，还得到了群众认可和政府赞赏。

案例点评

供电所在突发事件来临时，迅速启动应急预案，在故障抢修力量、物资材料、舆情控制、负荷转供、协调机制等方面，应对有序，处置得当。在发生故障时，有条不紊地按照预案内容开展故障修复，及时进行负荷转供，缩小了停电范围。在现场抢修人员力量不足时，及时调配抢修人员、物资等，最大限度地缩短了障停电时间。供电所及时报备，多渠道及时发布停电信息，台区经理到停电小区向广大群众解释沟通，现场安抚，取得客户的理解，不仅没有发生舆情事件，还得到了群众、政府的高度赞赏，体现了供电所过硬的业务素质和强大的危机处理能力。

案例 2　营配联动先改造，供电可靠获赞誉

案例提要

工作人员在巡线过程中，发现某线路、设备出现老化现象，有发生故障停电风险。为避免影响居民用电，提升供电可靠性，网格化公司主动作为，开展配电网设备改造工作。

案例分类

配网改造。

服务过程

公司开展改造工作部署会，将停电信息通过业主微信群、小区张贴停电通知等渠道告知客户；相关各部门配合有力，进度有序，圆满提前完成改造计划，得到客户好评。

取得效果

有力保障了电力供应安全可靠。

案例点评

供电企业主动作为，通过营配联动、舆情防控、人力物料合理配置、重要敏感客户负荷现场保电等方式开展改造工作，完成改造后大幅提升了供电可靠性，提高了居民对获得电力满意度。

附录 A

国家电网有限公司供电服务“十项承诺”

（修订版）

第一条 电力供应安全可靠。城市电网平均供电可靠率达到99.9%，居民客户端平均电压合格率达到98.5%；农村电网平均供电可靠率达到99.8%，居民客户端平均电压合格率达到97.5%；特殊边远地区电网平均供电可靠率和居民客户端平均电压合格率符合国家有关监管要求。

第二条 停电限电及时告知。供电设施计划检修停电，提前通知用户或进行公告。临时检修停电，提前通知重要用户。故障停电，及时发布信息。当电力供应不足，不能保证连续供电时，严格按照政府批准的有序用电方案实施错避峰、停限电。

第三条 快速抢修及时复电。提供24小时电力故障报修服务，供电抢修人员到达现场的平均时间一般为：城区范围45分钟，农村地区90分钟，特殊边远地区2小时。到达现场后恢复供电平均时间一般为：城区范围3小时，农村地区4小时。

第四条 价费政策公开透明。严格执行价格主管部门制定的电价和收费政策，及时在供电营业场所、网上国网App（微信公众号）、“95598”网站等渠道公开电价、收费标准和服务程序。

第五条 渠道服务丰富便捷。通过供电营业场所、“95598”电话（网站）、网上国网App（微信公众号）等渠道，提供咨询、办电、交费、报修、节能、电动汽车、新能源并网等服务，实现线上一网通办、线下一站式服务。

第六条 获得电力快捷高效。低压客户平均接电时间：居民客户5个工作日，非居民客户15个工作日。高压客户供电方案答复期限：单电源供电15个工作日，双电源供电30个工作日。高压客户装表接电期限：受电工程检验合格并办结相关手续后 5 个工作日。

第七条　电能表异常快速响应。受理客户计费电能表校验申请后，5 个工作日内出具检测结果。客户提出电能表数据异常后，5 个工作日内核实并答复。

第八条　电费服务温馨便利。通过短信、线上渠道信息推送等方式，告知客户电费发生及余额变化情况，提醒客户及时交费；通过邮箱订阅、线上渠道下载等方式，为客户提供电子发票、电子账单，推进客户电费交纳“一次都不跑”。

第九条　服务投诉快速处理。“95598”电话（网站）、网上国网 App（微信公众号）等渠道受理客户投诉后，24 小时内联系客户，5 个工作日内答复处理意见。

第十条　保底服务尽职履责。公开公平地向售电主体及其用户提供报装、计量、抄表、结算、维修等各类供电服务，并按约定履行保底供应商义务。

附录 B

国家电网有限公司员工服务“十个不准”

（修订版）

第一条 不准违规停电、无故拖延检修抢修和延迟送电。

第二条 不准违反政府部门批准的收费项目和标准向客户收费。

第三条 不准无故拒绝或拖延客户用电申请、增加办理条件和环节。

第四条 不准为客户工程指定设计、施工、供货单位。

第五条 不准擅自变更客户用电信息、对外泄露客户个人信息及商业秘密。

第六条 不准漠视客户合理用电诉求，推诿、搪塞、怠慢客户。

第七条 不准阻塞客户投诉举报渠道。

第八条 不准营业窗口擅自离岗或做与工作无关的事。

第九条 不准接受客户吃请和收受客户礼品、礼金、有价证券等。

第十条 不准利用岗位与工作便利侵害客户利益、为个人及亲友谋取不正当利益。

附录 C

国网河南省电力公司业扩报装“十个不准”

1. 不准以任何理由拒报、限报。

2. 不准私增业务环节、办理条件。

3. 不准对重要客户以外客户的受电工程进行设计审查和中间检查。

4. 不准推诿拖延、超时办理、线下办理。

5. 不准要求客户提交规定以外任何资料，具备线上办电条件的客户跑趟不超过 1 次。

6. 不准收取高可靠性供电费以外的任何费用。

7. 不准为客户工程指定设计、施工、供货单位。

8. 不准接受客户吃请和收受客户礼品、礼金、有价证券等。

9. 不准利用岗位与工作便利侵害客户利益、为个人及亲友谋取不正当利益。

10. 不准擅自变更客户用电信息、对外泄漏客户个人信息及商业秘密。

附录D

国网河南省电力公司“放管服”改革业扩报装十项禁令

1. 无故拒绝受理本地或同省异地业务。
2. 未执行“一口负责，一办到底”。
3. 未执行“零证预约，容缺办理”。
4. 未执行“先接入、后改造”。
5. 推诿拖延、超时办理业务。
6. 为客户指定设计、施工、供货单位。
7. 私自增设业务环节或审查、检验事项。
8. 私设收费项目或履责不当造成客户办电成本增加。
9. 自身责任造成客户跑趟超一次。
10. 办电业务未同步线上流转。